Falk spirallo
REISEFÜHRER

MALLORCA

Falk Verlag

Inhalt

THE SUN
BRITISH PUB

Autorin: Carol Baker
»Das Magazin«: Teresa Fisher
Recherche: Mona King
Redaktion: Lodestone Publishing
Design: Design 23 und Jo Tapper
Register: Marie Lorimer
Aktualisierung: Tony Kelly unter Leitung von Lodestone Publishing Limited

ISBN 3-8279-0173-1

Unsere Autoren haben nach bestem Wissen recherchiert. Trotzdem schleichen sich manchmal Fehler ein, für die der Verlag keine Haftung übernehmen kann. Hinweise, Verbesserungsvorschläge und Korrekturen sind jederzeit willkommen.
Spirallo Reiseführer, Falk Verlag, Postfach 3151, D-73751 Ostfildern, E-Mail: spirallo@mairs.de

Deutsche Ausgabe: CLP • Carlo Lauer & Partner, Aschheim
Übersetzung: Beatrix Thunich und Jutta König

Herausgegeben von AA Publishing, einem Unternehmen der Automobile Association Developments Limited, Millstream, Maidenhead Road, Windsor, Berkshire, SL4 5GD.
Handelsregister Nr. 1878835.

Farbauszug: Leo Reprographics
Druck und Bindung: Leo Paper Products, China

A02151

Mallorca

Das Magazin

EINE WECHSELVOLLE GESCHICHTE

Mallorcas strategisch günstige Lage im Zentrum des westlichen Mittelmeers lockte schon immer fremde Invasoren an. Von den Phöniziern bis zu den Touristen von heute haben die unterschiedlichsten Kulturen ihre Spuren auf Mallorca hinterlassen und die Geschichte der Insel geprägt.

Die Phönizier, seefahrende Händler aus dem östlichen Mittelmeerraum, waren um 1000 v. Chr. die ersten Eroberer, dann folgten die Griechen, die die Insel über mehrere Jahrhunderte beherrschten und den Balearen ihren Namen gaben. *Ballein* – »mit einer Schleuder werfen« – wurden sie nach den geschickten Söldnern genannt, die im 3. und 2. Jahrhundert v. Chr. in den Punischen Kriegen kämpften.

Während der 500-jährigen römischen Herrschaft blühten die Balearen auf. Die Römer brachten Wein und Oliven nach Mallorca und gründeten die Städte Pollentia (das heutige Alcúdia) und Palmaria (Palma). Nach der Eroberung durch Vandalen und Byzantiner im 5. und 6. Jahrhundert folgte eine Zeit mit vernichtenden Angriffen durch muslimische Mauren.

Die Inselbewohner wehrten sich entschlossen gegen die Besetzung, bis die Mauren ihnen im Jahr 902 mit einer Armada von 300 Schiffen haushoch überlegen waren. Die Zeit unter maurischer Besatzung hatte aber auch ihr Gutes: Sie brachte neben Orangen, Mandeln und Aprikosen auch die Windmühlen und Bewässerungstechniken. Palma (genannt *Medina Mayurqa*) entwickelte sich zu einer blühenden Metropole mit beheizten Bädern und geschlossenen Abwasserkanälen. Der gute Ruf verbreitete sich bis zu dem jungen katalanischen König Jaime I. von Aragón, der den »Heiden« den Krieg erklärte und beschloss, die Insel zu erobern.

Die Geschichte der Insel beginnt für die meisten Mallorquiner mit dem 12. September 1229 – dem Tag, an dem Jaime I. mit 150 Schiffen, 16 000 *conquistadores* und 1500 Pferden in Sa Caleta landete. Die Mauren ergaben sich, und am 1. Januar 1230 zog Jaime in Palma (»der schönsten Stadt, die ich je gesehen habe«) ein. Moscheen wurden durch Kirchen ersetzt, man errichtete Schloss Bellver (➤ 53f) und baute den alten arabischen Palast in eine gotische Festung um. Bald gewann der christliche Glaube die Oberhand, das Königreich Mallorca erlangte Macht und Bedeutung und wurde zu einem strategisch wichtigen Ort für den Handel und die Eroberung neuer Kolonien.

Während des Spanischen Bürgerkriegs (1936–39) geriet die Entwicklung der Insel ins Stocken, und in der Zeit der Francodiktatur (1939–75) wurde Mallorca wie

Spuren der Vergangenheit

Vorgeschichtliche Überreste:
Ses Païsses (➤ 123)
Museu de Mallorca, Palma (➤ 55)

Römische Überreste:
Alcúdia – Teatre Roma (➤ 119)
Ruines Romanes de Pollentia (➤ 117)
Museu Monogràfic de Pollentia (➤ 118)

Maurische Überreste:
Palma – Banys Àrabs (➤ 55)
Alfàbia (➤ 102)

Gotische/Christliche Architektur:
Palma – Palau de l'Almudaina (➤ 49)
La Seu (➤ 46)
Castell de Bellver (➤ 53)

20. Jahrhundert:
Jedes Strandresort zwischen Magaluf und Arenal (➤ 72f)

Links: König Jaime I. brachte der Insel Wohlstand
Rechts: Kacheln am Rathaus von Calvià
Seite 5: Das malerische Cala Figuera

ganz Spanien unterdrückt. Franco untersagte den Gebrauch der katalanischen Sprache, regionale Dialekte und jede Art von nichtkastilischer Kultur. Das Ende der Ära Franco brachte der Insel mehr Sicherheit, aber weniger Ruhe, denn jetzt kam die nächste Invasion – die der Touristen. Der Pauschaltourismus ließ die Besucherzahlen rapide ansteigen, der Höhepunkt lag Ende der 1990er-Jahre bei über 8 Millionen. Der Wunsch, möglichst viel Profit aus dem Besucheransturm zu schlagen, führte zu Bausünden in Form von gigantischen Betonklötzen in Touristenenklaven, die die schöne Küste der Insel verunstalten. Spät erkannte man die Irrtümer und bemüht sich heute umso mehr, den ursprünglichen Charakter und das Aussehen Mallorcas zu erhalten. Der sanfte Tourismus erlebt derzeit auf Mallorca einen Aufschwung. Wer weiß – vielleicht werden zukünftige Historiker die *turismo*-Ära Ende des 20. Jahrhunderts nur als eine weitere Phase in der reichen Geschichte der Insel sehen und die Kette der Strandhotels als Überbleibsel aus dieser Zeit.

Seeräuberei

Seit dem 13. Jahrhundert hatte Mallorca unter Piraten zu leiden – Jaime I. nannte die Insel ein Piratennest. Einer der berüchtigsten Piraten der Balearen, Rotbart, hatte sein Hauptlager auf dem Felsen von Sa Dragonera, nur einen Kilometer von der Westspitze Mallorcas entfernt. Im 16. Jahrhundert durften Siedlungen wie Andratx, Santanyí und Valldemossa zum Schutz vor Piratenangriffen nur im Landesinneren gebaut werden. Auch heute noch gibt es Piraten, aber nur in Magaluf, wo *Pirates* Vergnügen für die ganze Familie bietet und großzügig ausgeschenkter Piratenpunsch die Stimmung hebt.

Vögel Mallorcas

Den meisten Feriengästen ist nicht bewusst, dass Mallorca exzellente Möglichkeiten zur Vogelbeobachtung bietet und Vogelfreunde aus der ganzen Welt deswegen hierher reisen. Warum ausgerechnet Mallorca? Es liegt nicht nur günstig für Zugvögel, die hier im Frühjahr und Herbst eine Pause einlegen, sondern bietet auch eine Vielzahl von Lebensräumen – Schilfzonen, Süßwasserlagunen, Salinen, Busch, Felder, Obstgärten, Wälder, felsige Klippen und unberührte Berge.

Die **goldene Regel** für Vogelbeobachtungen auf Mallorca lautet: früh aufstehen! Ab dem Mittag (im Sommer bereits ab 11 Uhr) sind kaum noch Vögel zu sehen, aber bei einem Spaziergang noch vor dem Frühstück hört man den Gesang der Samtkopfgrasmücken in den Hecken, das Gezwitscher der Rotkopfwürger und den Ruf der kleinen Breitschwanzsänger. Mit Glück sieht man einen Wiedehopf, der mit seinen gestreiften Flügeln und dem Kopfschmuck eines Indianerhäuptlings zu den beeindruckendsten Vögeln Mallorcas gehört und wie ein riesiger Schmetterling zwischen den rohen Mauersteinen flattert.

Regel zwei: nach oben sehen! Auch wenn man nur in der Sonne liegt, lohnt es sich, die Ohren offen zu halten. Man braucht sich nicht einmal zu bewegen. Wenn man die Augen öffnet, sieht

Oben: Der bunte Bienenfresser brütet im Mai auf Mallorca
Unten: Ein Rotkopfwürger

Unten: Gartenrotschwänzchen überwintern auf Mallorca

man vielleicht einen Schwarm Mauersegler, eine gewandte schwarzweiße Samtkopfgrasmücke, die aus einem Baum heraus singt, oder einen Schwarm Bienenfresser, deren Gefieder schwarz erscheint, beim Blick durch ein Fernglas aber in allen Farben des Regenbogens leuchtet.

Regel drei: Wählen Sie die richtige Jahreszeit! Auf der Insel leben zahlreiche Vogelarten, die man am besten im Frühjahr beobachten kann. Dann gesellen sich zu den ständigen Bewohnern noch Arten, die nur hier brüten. Zu bestimmten Zeiten kommen noch bis zu zweihundert Zugvogelarten dazu.

Regel vier: Wählen Sie den richtigen Ort! Am besten eignen sich die abgelegenen und dünn besiedelten Teile Mallorcas zur Vogelbeobachtung. Das **Tal von Bóquer** (➤ 159) – ein Einschnitt in den Bergen nördlich von Port de Pollença – ist *der* Ort, um im Frühling Zugvögel zu beobachten, besonders Rotschwänzchen, Fliegenschnäpper und Grasmücken.

Auf den Klippen des nahe gelegenen **Formentor** (➤ 99f) leben Blaumerlen, rundliche kleine Mauerschwalben und einige der seltensten Vögel der Insel –

Ganz oben: Das Lied des Wiedehopfes kann man im März hören
Oben: In den Feuchtgebieten um Pollença und Alcúdia leben Rohrweihen

Eleonorenfalken, Adler und Rotmilane, die man gelegentlich über den Klippen rund um den Leuchtturm kreisen sieht. Mit viel Glück kann man hier oder in den Bergen den mächtigen Kaffernadler beobachten. Am Ufer unterhalb der Klippen zeigen sich manchmal Schwarzstörche und Fischadler tauchen blitzschnell nach Beute.

Ein lohnendes Ziel sind auch die **Albufera-Sümpfe** (➤ 165ff). Der Nationalpark ist der wichtigste Ort für Vogelkundler auf den Balearen. Hier kann man in einem großen Gebiet mit Wasserläufen, Sümpfen und Schilfzonen über zweihundert Vogelarten beobachten. Rohrdommeln brüten, Sumpfweihen segeln über das Schilf, in dem sich Reiher verstecken, Wildvögel lassen sich auf den Wasserläufen treiben und elegante Stelzenläufer erforschen die Tümpel.

Schließlich: Halten Sie die Augen offen, sogar in den Touristenorten! Beobachten Sie beim Strandspaziergang am Abend oder frühen Morgen Möwen und Stelzvögel, die sich in Dünen tummeln oder im seichten Wasser nach Futter suchen. Bei Bootsfahrten kann man graziöse Sturmtaucher sehen, und auch ein Ausflug auf die Insel Sa Dragonera oder in den Nationalpark auf Cabrera mit 64 Seevogelarten lohnt sich.

Mallorca ist ein lohnendes Ziel für Vogelkundler

Bedrohung durch den Tourismus

Der Massentourismus bedroht die Tierwelt Mallorcas seit langem, und viele Tierarten sind bereits verschwunden. Die Umweltorganisation Grupo Ornitología Balear (GOB) und die Kommunen haben jedoch in den letzten Jahren verschiedene Tierarten (unter anderem Schwarzgeier und rosa Sumpfhuhn) wieder auf der Insel heimisch machen können. Heute steht fast ein Drittel der Insel unter Naturschutz, so dass Mallorca auch weiterhin ein Paradies für Vögel und Vogelliebhaber bleiben wird.

HOLA! Mallorca

Berühmte Mallorca-Reisende

Manche kommen in luxuriösen Yachten oder Kreuzfahrtschiffen, andere mieten Villen hoch oben in den Bergen, und wieder andere steigen in Luxushotels wie dem Son Vida (dem Lieblingshotel der verstorbenen Prinzessin Diana), Hotel Formentor oder La Residencia, dem Grand Hotel im Künstlerdorf Deià, ab.

In Deià wohnen gleich mehrere bekannte Frauen, darunter Mrs. Branson (eine Amerikanerin namens Kristen, die das La Residencia zusammen mit ihrem zweiten Ehemann schuf) und Beryl Graves, die Witwe des Schriftstellers Robert Graves (1895–1985), die noch auf dem Familiensitz unweit des Friedhofs residiert, auf dem ihr Mann begraben liegt (➤ 91). Auch das Haus des britischen PR-Stars Lynne Franks befindet sich hier.

Zu den besonders populären Frauen gehören die britische Rocksängerin Annie Lennox, die ein Haus in Esporles besitzt. Claudia Schiffer bewohnt gelegentlich ein Apartment in der Nähe des mondänen Camp de Mar. Auch die deutsche Sängerin Nina Hagen unterhält eine Wohnung auf Mallorca.

Andere berühmte Persönlichkeiten waren oder sind zwar nicht auf Mallorca zu Hause, hielten oder halten sich jedoch gern hier auf: Die französische Schriftstellerin George Sand (1804–76) verbrachte den Winter 1838/39 mit Frédéric Chopin in Valldemossa; die britische Krimiautorin Agatha Christie (1890–1976)) war ein regelmäßiger Gast im Hotel Formentor, dem ersten Luxushotel der Insel, das 1929 eröffnet wurde. Eine ihrer Geschichten spielt in der nahe gelegenen Bucht von Pollença. Auch die Schauspielerin Grace Kelly, die spätere Fürstin von Monaco, nahm 1961 an der Eröffnung des Hotels Son Vida teil. Ein häufiger Gast im Hotel La Residencia ist die

Rechts: Catherine Zeta Jones liebt Deià

Claudia Schiffer besucht die Insel gern

Königlicher Wohnsitz

Sowohl die spanische als auch die britische Königsfamilie verbringen häufig ihre Ferien auf Mallorca. König Juan Carlos und Königin Sofia (links) wohnen den ganzen August über in ihrer Sommerresidenz, dem Palacio Marivent, oberhalb von Palmas Yachthafen am Rande von Cala Mayor. Auf der königlichen Yacht *Fortuna* umsegeln sie die Insel und nehmen auch im Verlauf des Jahres an international bedeutenden Regatten teil. Prinzessin Elena dagegen ist eine begeisterte Springreiterin, im August findet unter ihrer Schirmherrschaft ein nach ihr benannter Wettkampf in Bunyola statt. Das alljährliche Sunseeker Celebrity Golf Classic Turnier auf dem Golfplatz Bendinat steht unter der Schirmherrschaft von Prinzessin Brigitta von Schweden, die selbst eine begeisterte Golferin ist und eines der elf teilnehmenden Teams anführt.

Prominentensuche

Hier trifft man oft Berühmtheiten:

Hotels: Son Vida, Hotel Formentor, La Residencia, Palacio Ca Sa Galesa.

Marinas: Portals Nous, Camp de Mar, Port d'Andratx.

Restaurants und Bars: Peppone (italienisches Restaurant), Shangri-La (chinesisch) und Mediterraneo 1930 sowie die Bar Abaco, alle in Palma; Wellie's, Latino und das Spitzenrestaurant Tristans in Portals Nous.

Nachtclubs: Pachá in Palma.

amerikanische Komikerin Ruby Wax, und vor kurzem hat die britische Schauspielerin Patsy Kensit auf Mallorca die Weltpresse von ihrer Schwangerschaft unterrichtet. Catherine Zeta Jones verbringt viel Zeit in der Villa Finca s'Estaca des amerikanischen Schauspielers Michael Douglas in der Nähe von Deià.

Mallorcas Berühmtheiten unterscheiden sich nicht von denen in anderen Teilen der Welt, aber durch die geringe Größe der Insel fallen sie mehr auf. Die meisten Inselbewohner fühlen sich geschmeichelt, wenn ein Star von ihrer Insel so bezaubert ist, dass er ausgerechnet hier Besitz erwirbt. Und natürlich ist der dadurch entstehende Werbeeffekt auch nicht zu verachten.

Rockstar Annie Lennox, oben links, an ihrem Pool

KLÖSTER AUF MALLORCA

Das Kloster von Lluc, seit dem 13. Jahrhundert der wichtigste Wallfahrtsort Mallorcas

»Es ist unmöglich, dieses Geschenk des Himmels zu beschreiben. Es ist der schönste Ort, den man in seinem Leben finden kann«, schrieb die französische Schriftstellerin George Sand 1838 über das kleine Bergdorf Valldemossa (➤ 88ff). Sie verbrachte hier drei Monate mit ihrem Geliebten Frédéric Chopin in einer kleinen Wohnung, bestehend aus Mönchszellen im ehemaligen Kartäuserkloster **La Reial Cartoixa**.

Ihr kurzer Besuch regte viele zur Nachahmung an – in La Reial Cortoixa ist heute ein Aufenthalt leider nicht mehr möglich. Auch wenn die Zahl der Mönche zurückgegangen ist, halten die Orden an der Tradition fest, Pilgern und Reisenden einfache Unterkünfte anzubieten. Die Preise sind niedrig, die Unterkünfte einfach – keine Minibar, Klimaanlage oder Betthupferl auf dem Kopfkissen – aber die Klöster in den Bergen bieten sich an, wenn man *la Oltra Mallorca* (das andere Mallorca) entdecken möchte. Erbaut auf den Berggipfeln, um vor Schmugglern und Piraten geschützt und Gott näher zu sein, bieten die Klöster spektakuläre Ausblicke und Abgeschiedenheit.

Nahe Palmas Flughafen erhebt sich der **Puig de Randa** abrupt aus der Ebene mit endlosen Aprikosenhainen. Auf seinem Gipfel errichtete Mallorcas bedeutendster Sohn, der Mystiker und Gelehrte Ramón Llull (➤ 147) im 13. Jahrhundert die erste Einsiedelei der Insel. Er wollte hier für sein ausschweifendes Leben büßen und verbrachte zehn Jahre in der Abgeschiedenheit mit dem Verfassen von gelehrten Abhandlungen. Heute finden sich unter den Pilgern sowohl Freizeitradler als auch Suchende nach religiöser Wahrheit. Die Zimmer sind einfach, sauber und benutzt werden. Dies ist das komfortabelste der Klöster mit immer noch akzeptablen Preisen – mehr ein einfaches Hotel als eine Einsiedelei, jede Zelle besitzt ein eigenes Badezimmer, es gibt ein Restaurant

Im Kloster von Randa findet nach Ostern die Segnung der Saaten statt

quem, und in der gemütlichen Bar gibt es leckere *tapas* (➤ 17ff) zusammen mit einem phantastischen Blick über die Insel.

Versteckt in den zerklüfteten Bergen der Sierra Tramuntana liegt Lluc (➤ 96ff), seit dem 13. Jahrhundert Mallorcas wichtigster Wallfahrtsort. Ein arabischer Schafhirte namens Lluc (Lukas), der gerade erst zum Christentum konvertiert war, fand eine dunkle Holzstatue der Jungfrau Maria im Wald, für die die Dorfbewohner eine Kapelle bauten. Heute ist diese Kapelle Teil des alten Augustinerklosters **Monestir de Lluc**, einer beeindruckenden Ansammlung von Gebäuden aus rosafarbenem Stein mit einhundert Klosterzellen, die für die Unterbringung von Besuchern, zum größten Teil Wanderer, und eine Bar. Zwar muss man immer noch sein Bett selbst machen, doch dafür sind die Gesänge des berühmten Chors *Els Blavet* bei Einbruch der Dunkelheit die lautesten Geräusche überhaupt.

Nicht weit entfernt liegt **Puig de Maria** oberhalb des hübschen Bergstädtchens Pollença und der Bucht von Pollença. Ein einstündiger Fußmarsch führt von dort zu dem Kloster aus dem 14.Jahrhundert, und wenn man Glück hat, schickt der Pförtner einen Esel ins Tal, um das Gepäck zu holen und bereitet dem Wanderer ein Mahl mit einer *tortilla* und einem Glas Hauswein. Es gibt sogar warme Duschen.

Noch abgelegener liegt das Kloster **Nostra Senyora del Refugio**. Man muss fünf Kilometer über einen holprigen Feldweg fahren und dann eine

weitere Stunde zu Fuß einen steilen, Schwindel erregenden Weg hinaufsteigen, vorbei an den Ruinen der einst uneinnehmbaren Festung Castell d'Alaró bis zum kleinen Kloster mit dem Gasthof auf dem Gipfel.Friede, Einsamkeit und dazu die Aussicht auf das glitzernde Meer, die schützenden Berge und darunter die flache Ebene bleiben unvergesslich. In der Ferne kann man Palma und die Touristenstrände in der Bucht von Palma erkennen, und doch ist das bekanntere Mallorca weit entfernt von dieser Oase für zivilisationsmüde Reisende

Oben: Das Santuari Cura de Randa auf dem Gipfel des Puig de Randa

Links: Kloster Lluc, heute eher ein Hotel als eine Klause

Reservierungen

Es ist ratsam, die **Unterkunft vorher telefonisch zu reservieren**: Santuari Cura de Randa (Tel. 971 120260); Monestir de Lluc (Tel. 971 517025); Santuari del Puig de Maria, Pollença (Tel. 971 184132); Hostal Nostra Senyora del Refugio, Castell d'Alaró (Tel. 971 182112).

Was sind Tapas?

Tapas – Appetithäppchen mit Fisch, Fleisch oder Gemüse – sind eine ideale Möglichkeit, die _cucina mallorquina_ kennen zu lernen und sich zugleich unter die Einheimischen zu mischen. Warum nicht einmal eine komplette Restaurantmahlzeit auslassen und dafür eine bunte Mischung von _tapas_ ausprobieren? Besuchen Sie entweder nur eine Bar oder gehen Sie, ganz _tapeo_, von einer Bar zur nächsten, und kosten Sie überall eine andere Vorspeise.

Der Begriff *tapas* bezieht sich auf die Gewohnheit, einen Happen zum Aperitif zu essen, *tapar el apetito* bedeutet wörtlich »einen Deckel auf den Appetit legen«. Tapas heißen aber auch die kleinen Tellerchen mit kostenlosen Snacks, die der Barkeeper bei seinen Stammgästen auf die

Tapas in Palma

Tapas werden zwar in den meisten Bars der Insel angeboten, aber in Palma gibt es besonders gute. Ein Tapas-Bummel kann in der **Bar Bosch** (Plaça Rei Joan Carlos I, 6) beginnen, einem bekannten Treffpunkt, an dem man gut Leute beobachten kann. Weiter geht es ins kleine, überfüllte **El Pilón** (Carrer Cifre), das für seine Meeresfrüchte-Tapas berühmt ist, danach ins schicke **L'Angel Blau** (Carrer Capiscolat). Bei **La Paloma** (Carrer dels Apuntadors, 16) gibt es Tapas bei Kerzenlicht, aber den Höhepunkt bildet die beliebteste Tapas-Bar Palmas, **La Bóveda** (Carrer Boteria, 3), ein lebhaftes, mit riesigen Weinfässern dekoriertes Restaurant.

Tapas – ein echtes Stück Spanien

Gläser setzt. In einigen Bars gibt es auch heute noch kostenlose Tapas an der Bar – aber die bestehen meistens nur aus einer Schüssel Oliven oder gesalzenen Mandeln.

Viele Bars bieten ihre Tapas am Tresen an, so dass man einfach nur auf das Gewünschte zeigen muss, aber man sollte den Unterschied zwischen *tapa* und *ración* kennen. *Raciones* sind größer und bilden mit dem dazu gehörigen Brot eine kleine Mahlzeit. Wenn man sich nicht entscheiden kann, ist *tapa combinada* eine gute Wahl – von jedem etwas.

Tapas umfassen alles von einer einfachen Schüssel mit Oliven über leckere *tortilla* (spanisches Omelett mit Kartoffeln und Zwiebeln, kalt serviert), *empanadas* (Fleischtaschen), *cocas* (pizzaähnliche Snacks) bis hin zu Schnecken und Paprika in Olivenöl.

Gerichte wie *tumbet* (siehe rechts), *callos* (Kutteln in Tomaten-Zwiebel-Soße) und *frit mallorquí* (frittierte Innereien, Kartoffeln, Zwiebeln und Tomaten) sind klassische Beispiele der mallorquinischen Küche: gesund, einfach, traditionell, mit einheimischen Zutaten und in großen

Auf Mallorca gibt es Tapas mit den unterschiedlichsten Zutaten

Rezept für Tumbet

Tumbet wird oft als mallorquinische Ratatouille bezeichnet, aber das trifft nicht ganz zu. Die Gemüsesorten werden einzeln gekocht, außerdem gehören Kartoffeln dazu, und das Ganze wird geschichtet und mit Tomatensoße übergossen.

(6–8 Portionen)
4 große Kartoffeln, gewaschen und vorgekocht
6 Zucchini, geputzt
2–3 rote Paprika, geputzt
2 große Auberginen, geputzt
Kaltgepresstes Olivenöl
Salz und schwarzer Pfeffer aus der Mühle
500 ml passierte Tomaten

- Das Gemüse in Scheiben schneiden, mit Öl bestreichen, würzen und auf ein Backblech legen.
- Alles im Backofen oder unter dem Grill garen, die Paprikaschoten danach schälen.
- Das Gemüse, beginnend mit Kartoffeln, in einen Tontopf schichten, die Tomatensoße darüber gießen und ca. 10 Minuten im Ofen backen.
- Warm oder kalt mit frischem Brot servieren.

Portionen. Das beliebteste Gericht ist zugleich das Einfachste: *pa amb oli* – große Stücke dunkles Brot mit viel Olivenöl, Knoblauch und reifen Tomaten, dazu etwas Salz – schlicht, aber köstlich!

Über der Bar hängen oft verschiedene Wurstsorten: Probieren Sie *sobrasada* (Schweinefleisch mit Paprika), *botifarró* (Blutwurst) und würzige *chorizos*. Dazu bietet jede Bar ihren eigenen *jamón serrano*, luftgetrockneten Schinken. An der Küste gibt es außerdem Fischgerichte wie gegrillte *sardinas*, *musclos al vapor* (gedünstete Muscheln) und *calamares en su tinta* – schwarze Tintenfischringe, die im eigenen Saft gegart wurden – ein merkwürdig aussehendes Gericht, das überraschend gut schmeckt.

RENAISSANCE des Tourismus

Mallorca will das Image der Insel für Pauschaltouristen und Billigreisen abschütteln. Viele Ferienort wurden inzwischen aufgepeppt, Sauftouristen durch zivilisierteres Publikum ersetzt, und allmählich entwickelt sich Mallorca wieder zu einem Ferienziel für anspruchsvolleres Publikum. In den Fünfzigerjahren begann der Massentourismus, Mallorca wurde verbaut, aber zugleich zur reichsten Region Spaniens. Heute nimmt man die vergangenen Jahrzehnte als Warnung und bemüht sich, neue Wege einzuschlagen.

Der Tourismussektor erwirtschaftet neunzig Prozent des Einkommens der Insel, doch spricht man mittlerweile vom grünen, sanften oder Öko-Tourismus: Statt der nur an Sonne, Meer und Sand interessierten Pauschaltouristen versucht man Sport- oder Kulturreisende mit

Angeboten anzulocken, die das ganze Jahr über gelten – eine Entwicklung, die man auch in anderen Teilen Spaniens beobachten kann. Die Regionalregierung stoppte das Abrutschen in den Billigtourismus und investiert seit Ende der Neunzigerjahre viel Geld, um anspruchsvolle Besucher auf die Insel zu ziehen. Die Küstenorte sind im Sommer voll, aber es gibt jetzt strenge Umweltgesetze, um den Bau neuer Hotels zu erschweren. Viele der hässlichen Betonklötze, die die Landschaft verunstalteten, wurden abgerissen und durch Hotels und Apartments im traditionellen spanischen Stil ersetzt. Außerdem sollen existierende Hotels durch bessere Ausstattung aufgewertet werden. Mit anderen Worten: Statt auf Quantität setzt man nun auf Qualität. Mallorca will das Image einer Insel mit Billighotels, einer verschandelten Küste und Stränden voller Sauftouristen endlich abschütteln. Noch immer kommen vor allem deutsche und britische Touristen, und nach wie vor gibt es Strandabschnitte, hauptsächlich in der Umgebung von Palma, wo sich ein Wohnsilo ans nächste reiht, aber der Rest der Insel bleibt auf wunderbare Weise davon unberührt: Das ländliche,

Strände mit »blauer Fahne«

Seit den Achtzigerjahren hat Mallorca hart daran gearbeitet, die Strandqualität zu verbessern, und jetzt zeigen sich die Erfolge. Für sichere, saubere und gepflegte Strände wurden blaue Fahnen verliehen, und im Jahr 2000 bekamen 28 Strände und sechs Sporthäfen die begehrte Auszeichnung: ein Ergebnis der andauernden Bemühungen vieler Kommunen, Meer, Strände und Häfen sauber zu halten und damit das fragile ökologische Gleichgewicht auf den Balearen zu bewahren.

Die Strände um Cala Ratiada haben immer Hochsaison

friedliche und gemütliche Mallorca mit seiner reizvollen Landschaft und gleich bleibenden Temperaturen ist eine Insel für alle Jahreszeiten, und so soll es nach dem Willen der Tourismusbehörde auch bleiben.

Magaluf etwa wurde mit einem Aufwand von mehreren Milliarden Pesetas aufpoliert. Aus dem ehemals billigen, lauten Ort mit gröhlenden *gamberos Ingleses* (englischen Rowdys) und ihren festländischen Pendants, die sich nur bräunen und so billig wie möglich betrinken wollten, wurde ein schicker und eleganter Ort. Die Stadtverwaltung ließ eini-

Agrotourismus

Der so genannte *agroturismo* ist der neueste Trend bei Mallorca-Reisen: Die Besucher wohnen im Hinterland in Fincas (Bauernhäusern, die von Familien geführt werden). Diese Bewegung zurück zur Natur bietet Urlaubern den lang ersehnten Frieden und die Ruhe der Insel, gibt Einblicke in Geschichte und Kultur Mallorcas und kommt den Inselbewohnern entgegen, die oft durch Landwirtschaft allein ihren Lebensunterhalt nicht mehr verdienen können. Zurzeit gibt es ungefähr achtzig Häuser im *agroturismo*-Verband, und es werden immer mehr. Sie bieten eine gute Möglichkeit, den Reichtum einer Insel kennen zu lernen, die schon immer wesentlich mehr war als ein Versuchsfeld für Stadtplaner. Weitere Information erhalten Sie bei Agroturismo (➤ 34).

ge besonders hässliche Hotelkomplexe abreißen, vergrößerte den Strand (heute einer der besten auf Mallorca) und füllte ihn mit goldgelbem Sand auf. Eine attraktive Strandpromenade mit Palmen entstand und trug zur Erneuerung der Strandcafés und Restaurants und zur Ansiedlung schicker Geschäfte bei.

Auch Palma hat während der letzten Jahrzehnte sein Image aufpoliert, den verstaubten Provinzialismus abgelegt und sich zu einem der elegantesten Orte Europas entwickelt. Heute gibt sich das Paradies für sonnenhungrige Besucher und schicke Sommerquartier für Reiche und Berühmte elegant und anspruchsvoll, voller Leben und Atmosphäre, eine intimere Version Barcelonas mit seinen Cafés und seiner Kunstszene.

Weniger beliebt machte sich Mallorca im Sommer 2000 mit der Einführung einer Ökosteuer für Touristen, die zu einer beträchtlichen Verteuerung des Familienurlaubs auf den Balearen führte. Nach einer Umfrage in einer einheimischen Zeitung findet diese Steuer aber die Zustimmung der Einwohner, die Kritiker sitzen im Ausland.

Es ist noch zu früh, um zu beurteilen, ob sich die Regierung durch die Einführung dieser Steuer selbst eine Falle gestellt hat. Wahrscheinlich wird durch die Ökosteuer die Zahl der Besucher auf Mallorca zeitweilig sinken, dafür kommen aber endlich wieder die Touristen, die die Insel selbst auch haben möchte.

Die Hotelpools (hier in Deià und Banyalbufar) sind eine ruhige Alternative zum Meer

Verlorenes Paradies?

Innerhalb einer bemerkenswert kurzen Zeit hat der Tourismus Mallorca zur reichsten Region Spaniens gemacht. Der plötzliche Strom von Pauschaltouristen seit den Fünfzigerjahren überraschte die sonnenverwöhnte Insel. Die Einwohner erkannten jedoch schnell das wirtschaftliche Potenzial ihrer Strände. Städteplaner eilten herbei, machten alles entlang Palmas Stränden platt und initiierten einen Bauboom, der die Landschaft sowie die wirtschaftliche und soziale Struktur der Insel grundlegend veränderte. Heute erwirtschaftet der Tourismus neunzig Prozent des Einkommens der Insel.

MODERNISMO – DAS ZEITALTER DES SCHLECHTEN GESCHMACKS

Paradoxerweise steht der *modernismo catalan* – ein besonders auffälliger mallorquinischer Baustil – im Zusammenhang mit einer Krankheit, die 1860 auf den Orangenplantagen von Sóller auftrat. Die Plantagenbesitzer wanderten auf der Suche nach Arbeit in alle Teile Europas aus, kehrten aber um die Jahrhundertwende zurück. Mit dem im Ausland erworbenen Vermögen konnten sie die besten Architekten Kataloniens engagieren, die den neuesten Stil auf die Insel brachten – den Modernismus, eine verschnörkelte, oft surreal wirkende katalanische Spielart des Jugendstils. So begann eine Phase in der mallorquinischen Architektur, die von manchen als *la época de mal gusto* (das Zeitalter des schlechten Geschmacks) bezeichnet wird.

Das erste modernistische Gebäude – das verschnörkelte Gran Hotel (heute die Fundació la Caixa, ► 58), entworfen von Lluis Domènech i Montaner – wurde 1902 in Palma errichtet. Zur gleichen Zeit lud Palmas aufgeschlossener Bischof Campíns nach einer Besichtigung von Gaudís bemerkenswerter Kathedrale Sagrada Familia in Barcelona den weltbekannten katalanischen Architekten ein, die beeindruckende Kathedrale Palmas aus dem 14. Jahrhundert zu restaurieren.

Gaudí widmete diesem Projekt die nächsten zehn Jahre, assistiert von seinem Mitarbeiter Joan Rubió. Sie installierten elektrisches Licht und verzierten die Kirche mit Keramikmosaiken und schmiedeeisernen

La Caixa besticht durch wunderbare Blumenornamente

Gittern, die von mallorquinischen Fenstergittern inspiriert waren. Diskussionen löste vor allem die *Dornenkrone* aus, ein Baldachin aus Pappe, Kork, Brokat und Nägeln über dem Altar. Damals war er höchst umstritten, heute gehört er zu den Hauptsehenswürdigkeiten der Kathedrale.

Gaudís Anwesenheit beeinflusste viele Gebäude, die Anfang des 20. Jahrhunderts in Palma entstanden; darunter extravagante Ca'n Prunera in der Carrer Sa Lluna 90, fällt besonders durch die außen angebrachte spiralförmige Steintreppe auf, die man von der Straße aus erkennen kann.

Erstaunlicherweise schuf jedoch weder Gaudí noch Rubió noch irgendein anderer Architekt, sondern ein Silberschmied das

Modernistische Stilelemente gibt es überall auf Mallorca

auch die Pensió Menorquina und Ca'n Casasayas an der Plaça del Mercat, deren wellenförmige Fassaden mit Schmetterlingen und Farnen verziert sind. Gaudí arbeitete auch an der Kirche von Lluc (➤ 96) und schuf auf einem Berg hinter dem Kloster fünf beeindruckende Figuren, die die Mysterien des Rosenkranzes darstellen, bevor er aus unbekannten Gründen 1914 ganz plötzlich von der Insel verschwand und mehrere unvollendete Projekte zurückließ.

Rubió, sein Assistent, blieb weiter in Sóller und schuf einige der schönsten Beispiele modernistischer Architektur wie die Pfarrkirche und die Banco de Sóller mit verschnörkelten Fenstergittern. Sein Haus, das schönste modernistische Bauwerk der Insel. Lluis Forteza Reis Haus Can Forteza Rey in Palma (Plaça Marquès del Palmer) mit der bunten Mosaikfassade und dem verschnörkelten Schmiedeeisen gilt heute als gelungenstes Beispiel des Modernismus. Einst viel geschmähtes Objekt der Kritik, gilt der Modernismus heute als eine der wichtigsten Phasen in der Architekturgeschichte Mallorcas.

TOPS,

Strände

Der Beste: die breiten Sandstrände von Magaluf und Palma Nova; das palmengesäumte Platja Formentor mit Puderzuckersand.
Für Schwimmer: die Bucht von Cala San Vicenç mit kristallklarem Wasser.
Der Vollste: Cala Millor.
Der Einsamste: Cala Pi (südlich von Llucmajor); Cala de Deià.
Für Wassersport: Torrenova ist ideal für Wasserski, Bananenreiten und Paragliding; die Bucht von Pollença eignet sich hervorragend zum Segeln und Windsurfen für Anfänger .

FL

Nachtleben

Schlechteste Unterhaltung: die Show in Son Amar, es sei denn, man steht auf spanische Folklore, Zauberer und ein Livekonzert mit den Drifters!
Beste Nachtclubs: In Magaluf und Torrenova gibt es viele gute Nachtlokale, dazu gehören die Millenium Diskothek, Carwash und Boomerangs. In Arenal bietet das RIU-Palace gute Unterhaltung, und der beliebteste Nachtclub in Alcúdia hat sogar einen Swimmingpool.
Unerträglich: Torrenova und Arenal, wenn die Bars schließen!
Ungewöhnlichste Bar: Palmas ungewöhnlichste Cocktailbar (Carrer Sant Joan 1) befindet sich in einem Haus aus dem 17. Jahrhundert. Vögel in Käfigen, Springbrunnen und riesige Mengen an Früchten gehören zum Dekor.
Kultiviertestes Nachtleben: Portal Nous ist das St. Tropez der Balearen und sein funkelnder Hafen voll schicker Restaurants und Bars ist ein guter Platz um VIPs zu sehen.

Beim Tanzen kann man das mallorquinische Essen gut verdauen

PS, UND UNSÄGLICHES:

Urlaubsorte

Fotogenster Ort: Das kleine, unverdorbene Fischerdorf Cala Figuera bei Santanyí mit Fischerhütten und Bootshäusern an einer engen Bucht.
Hässlichster Ferienort: Die gesichtslosen Urlaubsorte Sa Coma und S'Illot sind Anhängsel von Cala Millor und bestehen aus einer endlosen Reihe von hässlichen Hotels. Das Beste an ihnen sind der Sandstrand und die Minibahn.
Lebhaftester Ort: Arenal, Magaluf und Torrenova führen immer noch die Hitliste an.
Längste Parkplatzsuche: In Illetas, aber glücklicherweise gibt es einen regelmäßigen Busverkehr von Palma und anderen Orten im Süden, so dass Sie auch ohne Auto Ihr Ziel erreichen können.

Unten: Freizeitvergnügen im Aqua City in Arenal

Familien

Bester Urlaubsort für Familien: Palma Nova.
Beste Unterhaltung: Aquacity in Arenal – der größte Wasserpark Europas bietet auch eine Gokartbahn, Papageienshows, Raubvögelvorführungen und einen kleinen Bauernhof, damit alle auf ihre Kosten kommen.
Bestes Abendvergnügen: Pirates – eine tolle Seeräubershow unter Mitwirkung der Zuschauer.
Beste Bar: Cheers (Avinguda Venecia), Port d'Alcúdia, mit Kindermenü und gutem Unterhaltungsangebot für Große und Kleine.

Einkaufen

Schicke Läden: in Palma.
Schöne Mitbringsel: Glas von Lafiore (Ausstellung an der Straße nach Valldemossa), Wein aus Binissalem, Perlen aus Manacor, Leder aus Inca.
Tolle Märkte: der Ledermarkt in Inca am Donnerstag; der

Mallorcas schönste Feste

(genaue Termine bei der Touristen-Information)

Mai: Mauren und Christen – Sóller wird gegen eine Invasion der Mauren verteidigt (ein ähnliches Fest findet im August in Pollença statt).

Juni: Sankt Petrus – zu Ehren des Schutzheiligen der Fischer finden in den Häfen Schiffsprozessionen statt.

Juli: Fest der Fischer – Schiffsprozessionen zu Ehren der Jungfrau Maria.

August: Cavallets – Felanitxs berühmtes Fest, bei dem Kinder auf Pappmaché-Pferden durch die Straßen reiten und von *cabezudos* (Riesenköpfen) gejagt werden.

September: Carro de la Beata – farbenprächtiges Fest, bei dem Teufel eine Prozession von Dorfbewohnern stören.

Oktober: Festa d'es Botifarró – mit dem Wurstfest in Sant Joan beginnt der Winter; Touristen erhalten bei diesem recht ausgefallenen Fest einen guten Einblick in die mallorquinischen Traditionen.

Palmas Name ist leicht zu verstehen

Viehmarkt in Sineu, der ein Stück ländliches Mallorca vermittelt; Palmas *baratillo* (Flohmarkt) am Samstagmorgen (Avinguda Gabriel Alomar i Villalonga).

Sehenswürdigkeiten

Ruhiges Mallorca: Es Pla, das landwirtschaftliche Herz der Insel mit verschlafenen Orten und einer Landschaft voller Windmühlen, Obstplantagen und Aprikosenhainen.
Malerisches Mallorca: die Nordwestküste von Andratx bis Deià; die Sierra Tramuntana; Kap Formentor.
Traditionelles Mallorca: La Granja, ein Landhaus als Freiluftmuseum, zeigt das traditionelle Leben auf dem Lande.
Schönster Ort: Fornalutx, einst zum schönsten Ort Spaniens gekürt.
Schönster Tagesausflug: mit der Minibahn von Palma nach Sóller.
Schönste Gärten: die kühlen, schattigen Maurengärten in Alfàbia.
Langweiligstes Museum: Palmas Diözesanmuseum neben der Kathedrale.

Gegenüber: Die üppigen Gärten von Alfàbia (arab. »Gefäß mit Oliven«)

Wer Abwechslung braucht, kann ein britisches Pub besuchen

Wusstens Sie das?

• Spanien hält den zweiten Platz bei den Urlaubern in Europa, Mallorca hält den Spitzenplatz in Spanien. Die neuesten Zahlen zeigen, dass ungefähr rund vierzig Prozent aller Übernachtungen in Spanien auf Mallorca entfallen.

• Mallorcas Küstenlinie ist 555 Kilometer lang und hat 179 Strände. Der längste Strand – in Alcúdia – zieht sich über zwölf Kilometer mit feinem, goldgelbem Sand, der flach ins Wasser abfällt. Es gibt Strandbars und viele Wassersportmöglichkeiten für die ganze Familie. Mallorca besitzt auch die meisten Strände Europas, die mit einer blauen Fahne ausgezeichnet wurden – im Jahr 2000 waren es immerhin stolze 28.

• In einer Umfrage der spanischen Zeitung *El País* in den Neunzigerjahren wurde Palma zum lebenswertesten Ort gewählt – wegen seiner Vitalität, dem Flair und Enthusiasmus der Bewohner, wegen der eleganten Geschäfte und avantgardistischen Galerien, der Tapas-Bars und Kaffeehäuser und wegen der ausgezeichneten Restaurants, die das Beste aus der spanischen, katalanischen und mallorquinischen Küche bieten.

• Die meisten Mallorquiner sind zweisprachig und sprechen sowohl kastilisches Spanisch als auch den lokalen Dialekt des Katalanischen, Mallorquinisch. Während des Franco-Regimes war er verboten und konnte den Sprecher ins Gefängnis bringen, aber jetzt ist Mallorquinisch wieder anerkannt und wird überall gesprochen. Katalanisch ist die offizielle Sprache.

• Spanier fahren von allen Europäern am wenigsten Fahrrad. Der Durchschnitt liegt bei 24 Kilometern pro Person und Jahr, während die Niederländer im Schnitt 1019 Kilometer fahren. Die Kommune Palma versucht, durch einen speziellen Radfahrertag während des Festes von San Sebastian im Januar die Bevölkerung zum Radfahren zu ermutigen. Außerdem wurden überall im Land Radwege geschaffen.

• Mallorca war nie berühmt für sein Olivenöl, doch jetzt hat es eines der besten Öle Spaniens und sicherlich eines der teuersten. Es wird von der berühmten Dauro-Familie hergestellt, die bereits für ihre Rioja-Weine bekannt ist. 1996 führten sie die alte Olivensorte *Arbequina* wieder ein, die Jaime III. im 13. Jahrhundert nach Mallorca brachte. 1999 wurde das erste Öl gepresst – 10 000 Flaschen mit hervorragendem Dauro Extra Vergine.

• Mallorquiner sind fußballverrückt, allein auf den Balearen gibt es über zweihundert Vereine. Das führende Team der Insel – Real Mallorca – steigt in der spanischen Liga immer wieder auf und ab und kam 1999 ins Finale des Europapokals der Pokalsieger.

• Die Berge der Sierra Tramuntana sind die Heimat der *ferreret,* einer kleinen Kröte, die es nur an diesem einen Ort gibt. Die Männchen tragen die Eier in kleine Tümpel und kümmern sich um sie, bis sie nach einem Monat zu Kaulquappen geworden sind.

• Mallorca war Schauplatz vieler Romane und Reiseberichte. Dazu gehören *Das Puppenhaus* von Llorenç Villalonga, das das Leben im 19. Jahrhundert spiegelt, George Sands *Ein Winter auf Mallorca*, *Jogging rund um Mallorca* von Gordon West, *Problem in der Bucht von Pollença* von Agatha Christie, und *Unser Mann auf Mallorca* von Tom Crichton.

Gegenüber: Cala Sant Viçenc im Nordosten der Insel

Erster Überblick

Ankunft

Mallorcas Flughafen Son Sant Joan (Abkürzung PMI) liegt ungefähr zehn Kilometer von Palma entfernt. Er ist groß, aber Laufbänder führen zur Gepäckausgabe. Vom Flughafen kann man innerhalb einer Stunde, wenn es keinen Stau gibt, zu fast jedem Punkt der Insel gelangen.

Transferpreise (ohne Trinkgeld)

€ = unter 5 €	**€€** = 5–10 €
€€€ = 10–20 €	**€€€€** = über 20 €

Die besten Transfermöglichkeiten

Die **Touristen-Information** direkt außerhalb der Gepäckausgabe informiert und berät bei Fragen nach Unterkunft, Sehenswürdigkeiten und Transportmöglichkeiten. Die gut geschulten Mitarbeiter helfen, den richtigen Bus, ein Taxi oder einen Mietwagen zu finden. Packen Sie in jedem Fall eine Landkarte der Insel ein.

- **Mietwagen** (meistens ohne Kilometerbegrenzung) sind erschwinglich (€€€€) und eine gute Möglichkeit, wenn man am anderen Ende Mallorcas wohnt. Sollte der Mietwagen nicht im Preis der Pauschalreise eingeschlossen sein, sollte man ihn vor Antritt der Reise buchen. Achtung: Im Preis sollte eine unbegrenzte Kilometerzahl enthalten sein.

- **Taxis** sind immer verfügbar, aber auch die teuerste Möglichkeit des Reisens auf Mallorca. Innerhalb des Großraums Palma ist die Fahrt erschwinglich. Eine Fahrt an die Ostküste ist teuer. In der Ankunftshalle des Flughafens finden Sie Preislisten.

Bus und Bahn

Der Bus Nr. 1 fährt regelmäßig vom Flughafen nach Palma. Auf der Plaça d'Espanya befinden sich die Haltestellen für Bus und Bahn. Dort können Sie umsteigen, wenn Sie ein anderes Ziel haben.

Zur Orientierung

Mallorca ist sechzig Kilometer breit und neunzig Kilometer lang. Das Zentrum der Insel ist flach, man kann jede Sehenswürdigkeit an einem Tag erreichen.

Touristen-Information

Das Hauptbüro befindet sich in Palma auf der Plaça de la Reina 2 (Tel. 971 712216). Geöffnet Mo–Fr 9–20 Uhr, Sa 10–14 Uhr. Die Angestellten sprechen häufig Deutsch und Englisch.

Kleinere Büros sind über die ganze Insel verteilt. Das Beste ist jedoch, sich nach der Ankunft etwas Zeit zu nehmen und die Touristen-Information am Flughafen aufzusuchen.

Unterwegs auf Mallorca

Bus

Die Busverbindungen auf Mallorca sind ausgezeichnet und günstig, aber man benötigt etwas Zeit, um die Fahrpläne zu durchschauen und seine Fahrtrouten darauf abzustimmen. Fahrpläne gibt es bei der Touristen-Information und an den Busbahnhöfen.

Auto

- **Mietwagen** sind die beliebteste Möglichkeit, um die Insel zu erkunden, der starke Verkehr im Hochsommer kann jedoch unangenehm sein. Viele Landstraßen sind eng und kurvenreich. **Führerschein** und Ausweis sollte man auf jeder Fahrt dabei haben. Auch eine Fotokopie des Ausweises mit einem offiziellen Stempel genügt. Eine **Versicherung** empfiehlt sich.
- **Parken** in den Städten ist zwischen Juni und September häufig ein Problem. Stellen Sie den Wagen auf einem öffentlichen Parkplatz mit Parkuhr oder gegen Gebühr ab. In Palma kann man in Zonen, die durch einen blauen Strich gekennzeichnet sind, bis zu 1,5 Stunden parken. Während der Mittagszeit von 13.30–17 Uhr ist das Parken kostenlos, ansonsten kauft man ein Ticket und legt es hinter die Windschutzscheibe.
- **Sicherheitsgurte** sind obligatorisch. Wer unangeschnallt fährt, muss mit einem hohen Bußgeld rechnen, das die Polizei sofort verlangen kann.
- **Geschwindigkeitsbeschränkungen** liegen bei 120 km/h auf Autobahnen, 90 km/h auf Landstraßen und 40–50 km/h in Ortschaften. Manche Verkehrsampeln springen auf Rot, wenn Fahrzeuge die vorgeschriebene Geschwindigkeit überschreiten.

Taxis

Taxis sind nützlich, wenn man keinen Leihwagen hat. Die Fahrer sind für gewöhnlich zuvorkommend und kennen die Insel gut.

Eisenbahn

Es gibt eine regelmäßige Zugverbindung von der Plaça d'Espanya in Palma nach Inca und Sa Pobla. Eine andere Linie verkehrt zwischen Palma und Sóller. Eine Straßenbahn verbindet den Bahnhof von Sóller mit dem Port de Sóller.

Fahrräder

Mit dem Fahrrad können Sie kurze Entfernungen während des Sommers gut überbrücken und lernen die Insel kennen.

- In den meisten Ferienorten kann man Fahrräder wochenweise (€€€€), pro Tag (€€) oder pro Stunde (€) mieten.
- Bei Stadtverwaltungen und in Touristen-Informationen gibt es Landkarten mit Tourenvorschlägen.

Wandern

Immer mehr Reisende kommen zum Wandern nach Mallorca. In den meisten Gegenden ist es sicher, wenn Sie die gleichen Grundregeln wie bei sich zu Hause beachten. Karten erhalten Sie in Buchläden in größeren Städten und auch in Touristen-Informationen.

Übernachten

Mallorca zählt ungefähr acht Millionen Besucher im Jahr (davon sind ca. fünfzig Prozent Deutsche, fünfundzwanzig Prozent Briten und eine große Anzahl spanische Besucher vom Festland). Die meisten kommen als Pauschaltouristen. Im Bezirk Calvià westlich von Palma gibt es mehr Hotelzimmer als in ganz Tunesien. Es gibt Luxusresorts, Schlosshotels, Hotels in Herrenhäusern, Billighotels, Apartmenthäuser, Pensionen, Fremdenzimmer, Bauernhöfe, die Gäste aufnehmen, und sogar einige Zeltplätze. Es empfiehlt sich, im Voraus zu buchen, besonders während der Zeit von Mai bis Oktober, zu Ostern, Weihnachten und Neujahr – den Hauptreisezeiten.

Reservierung

Am einfachsten gestalte sich der Urlaub mit einer **Pauschalreise**. Bei individueller Planung sollte man die Unterkunft während der Hochsaison von zu Hause aus buchen. Die besten Unterkünfte sind oft schon Jahre im Voraus reserviert. Die Preise liegen während der Monate Juli und August am höchsten, die günstigsten Monate sind November, Dezember (außer Weihnachten und Neujahr), Januar und Februar; im Sommer kann eine Woche so viel kosten wie im Winter ein Monat. **Aparthotels** ohne Verpflegung, aber mit Reinigung und Wäschewechsel bieten viel fürs Geld. Weitere Empfehlungen in den Kapiteln.

Weitere Informationen:

- Agroturismo (Ferien auf dem Bauernhof); Tel. 971 721508; Fax 971 717317; e-mail: agroturismo@mallorcanet.com; www.agroturismo-balear.com
- Reis de Mallorca (originelle Hotels); Tel. 971 770737; Fax 971 464013; e-mail: info@reisdemallorca.com; www.reisdemallorca.com

Unterkunftsmöglichkeiten

Luxusresorts bieten alles, was man für einen Urlaub braucht, von Restaurants und Swimmingpool bis zu Zeitungskiosken und Unterhaltung.
Schlosshotels sind ehemalige Schlösser, die zu Hotels umgebaut wurden; in ihnen weht ein Hauch der Geschichte, aber es gibt zum Teil kleine Unannehmlichkeiten wie fehlende Fahrstühlen oder zu hohe Fenster, die keine Aussicht erlauben.
Viele mallorquinische **Herrenhäuser** *(fincas* oder *possessiós)* wurden zu Luxushotels umgewandelt. Sie besitzen oft Swimmingpools.
Manche Häuser werden noch bewirtschaftet und bieten **Ferien auf dem Bauernhof.** Einige davon besitzen Schwimmbäder, andere liegen dicht am Meer. Gut geeignet für Familien.
Apartmenthotels werden immer beliebter. Jede Einheit besitzt eine kleine Küche, die meisten Anlagen haben ein Zentrum mit Bar, Aufenthaltsraum, Restaurant, Swimmingpool und oft auch einem Spielplatz.
Der kürzeste Aufenthalt in einem **Apartment** beträgt normalerweise eine Woche. Die Küche ist komplett eingerichtet, und die Wohnung wird regelmäßig gereinigt. Preiswerte Hotels oder ***Hostales*** können akzeptabel sein, bieten aber keinen Luxus.

Landhäuser werden zu ähnlichen Konditionen vermietet, sie haben den Vorteil eines Gartens.
Fremdenzimmer werden häufig angeboten; jedoch gibt es außer sauberen und komfortablen Zimmern keine Annehmlichkeiten.
Viele **Klöster** (➤ 14) bieten günstige, aber spartanische Übernachtungsmöglichkeiten. Es gibt auch **Heilbäder** mit umfangreichem Angebot. Can Gauri (€€, Carni de Ternelles, Pollença, Tel. 971 530207; email: cangauri@jet.es) ist eine alte Mühle, die zum Entspannen einlädt.

Essen und Trinken

Preise

Preisschlüssel

Das € im Text zeigt an, wie viel man für ein durchschnittliches Essen für eine Person inklusive Getränken, Steuern und Bedienung bezahlen muss.

€ = unter 15 € **€€** = unter 30 € **€€€** = über 30 €

Mallorcas Küche spiegelt das umgebende Meer, den Sonnenschein und Regen, das Ackerland und den Einfallsreichtum seiner heutigen und früheren Bewohner wider. Die Insel wurde als Brotkorb Spaniens bezeichnet, denn in den fruchtbaren Ebenen kann man bei guter Pflege dreimal pro Jahr ernten.

Die Ureinwohner Mallorcas lebten friedlich und genossen die einheimischen Pflanzen und Tiere. Die Römer brachten Oliven und Wein, die Mauren legten Terrassen an und pflanzten Bohnen, die Briten brachten Fish and Chips und die Deutschen Bratwurst, Sauerkraut und Schwarzbrot. Es gibt chinesische Restaurants, französische, indische, irische, italienische, marokkanische, schweizerische, thailändische und andere Restaurants – genau wie in anderen Großstädten auch. Auch einige galizische Restaurants sind vorhanden, diese nordwestspanische Küche gilt als eine der besten des Landes.

Die Küche Mallorcas

- Einheimische, aus lokalen Zutaten bereitete Gerichte schmecken in der Regel am besten. Die mallorquinische Küche ist eine Variante der katalanischen Küche, die köstliche und vielfältige Speisen bietet. Es ist oft schwierig, sich beim Dessert zwischen leckeren Früchten und verlockenden Süßspeisen zu entscheiden.
- In der Regel beginnt das Essen mit Brot und Oliven (meistens den herben grünen einheimischen), Butter gibt es auf Wunsch dazu. Zu den Vorspeisen gehören im Sommer erfrischender *gazpacho* und herzhafte Suppen in der kalten Jahreszeit.
- Es gibt *cocas* (eine Art Pizza) mit Gemüse, Reisgerichte und Gemüseeintöpfe. Rindfleisch gehört nicht zu den typischen Speisen, dafür aber Fisch, Meeresfrüchte, Schweinefleisch, Lamm, Kaninchen, Zicklein, Hühner und Eier, zubereitet meistens mit Olivenöl, das eine gesunde Alternative zu anderen Fetten bietet. Mandelkuchen, Karamelcreme und Eis sind beliebte Desserts.
- Die Weine Mallorcas sind ausgezeichnet, ebenso das spanische Bier. Zu den Spezialitäten gehören *palo*, ein dicker dunkler Aperitif aus den Kernen des Johannisbrotbaums, und *hierbas*, ein trockener oder süßer Likör aus Kräutern, besonders Fenchel und Anis. Beide sollen gesund sein und die Verdauung anregen. Frischer Orangensaft, Zitronenlimonade und *horchata de chufa* (Mandelmilch, auf Mallorca wachsen mehr als acht Millionen Mandelbäume) sind andere leckere Spezialitäten. Das Lei-

tungswasser ist trinkbar, Mineralwasser aus der Flasche ist jedoch vorzuziehen.

Gut zu wissen

Restaurants variieren in der Preisklasse von extrem teuer bis billig. Wie alle Spanier nehmen auch die Mallorquiner die Hauptmahlzeit am Mittag ein, meistens nicht vor 13.30 Uhr. Die meisten Restaurants öffnen für Touristen, die früher als die Spanier essen, jedoch schon eher. Das überall angebotene *menu del día* (Tagesmenü) ist oft eine gute Wahl. Dieses Drei-Gänge-Menü mit Wein oder Wasser kann auf dem Land weniger kosten als der Cappuccino in einem eleganten Hotel in der Stadt. Mallorquiner essen meist sehr spät, vor allem im Sommer wird das Abendessen erst gegen 21 oder 22 Uhr eingenommen.

Wenn Sie in Eile sind, sollten Sie einige Tapas in einer Bar bestellen (➤ 17).

Tischreservierung

Es gibt viele Restaurants, die keine Reservierungen annehmen, bei den besonders beliebten oder teuren ist eine Reservierung im Sommer jedoch ratsam.

Restauranttipps

In jedem der fünf Kapitel des Reiseführers gibt es Restaurantempfehlungen. Sie sind alphabetisch geordnet, und die Preiskategorie wird angegeben. Ein Wechsel des Besitzers oder Managers ist bei Restaurants häufig, deswegen sollte man die Angaben überprüfen. Steuern und Service sind meistens im Preis eingeschlossen. Trinkgeld wird, bis auf einige Münzen beim Wechselgeld, in Spanien selten gegeben. Die Kellner erwarten von Touristen jedoch inzwischen bis zu zehn Prozent Trinkgeld nach einem guten Essen.

Wein

Die Weinbautradition der Balearen geht auf die Römer zurück. Die Weine aus der Gegend um Binissalem tragen ein Herkunfts- und Qualitätssiegel. Auch einige Weine aus Petra sind bekannt.

Den roten Hauswein können Sie in jedem Restaurant unbesorgt bestellen, Weißwein kann etwas lieblich sein.

Die Besten:

... **Mandeleis:** Can Joan de s'Aigo, Palma (➤ 60)
... **Szenecafé:** Bar Es Casinet, Port de Pollença (➤ 129)
... **Café, um Leute zu sehen:** Wellies, Puerto Portals (➤ 81)
... **Kaffee und Ensaimadas:** Can Joan de s'Aigo, Palma (➤ 60)
... **Cybercafé:** L@ Red Cybercafé, Palma (➤ 62)
... **Hotelrestaurant:** Es Reco de Randa, Randa (➤ 150)
... **Spanferkel:** Cellar Can Amer, Inca (➤ 151)
... **Tagesgericht (nur mittags):** Mesón Son Caliu, Palma Nova (➤ 79)
... **Mahlzeit im Kloster:** Lluc (➤ 104)
... **Paella:** Parlament, Palma (➤ 62)
... **Pizza:** Vecchio Giovanni, Palma (➤ 63)
... **Salat:** La Taberna del Caracol, Palma (➤ 62)
... **Meeresfrüchte:** Koldo Royo, Palma (➤ 61)
... **Gefüllte Auberginen:** L'Aup, Straße nach Cala Sant Vicenç (➤ 130)
... **Restaurant mit Aussicht:** Mirador de Ses Barques, Sóller (➤ 105)

Einkaufen

Mallorca bietet an jedem Tag der Woche in irgendeinem Ort einen Markt; Informationen über den am nächsten gelegenen Markt bekommt man im Hotel.

Die Märkte (siehe Markt in Sineu, ➤ 144) machen Spaß, die Preise, über die man oft verhandeln kann, sind vergleichbar mit denen der Geschäfte, und das Angebot ist groß. Es gibt Obst und Gemüse, eingelegte Oliven, Wurst und Käse; außerdem Kleidung, Schuhe und andere Lederwaren wie Gürtel und Taschen. Kunsthandwerker aus ganz Europa bieten Schmuck, Kerzen, handschöpftes Papier, Schnitzereien und mehr. Stöbern wird von den Händlern gerne gesehen, aber man sollte nicht zu sehr wühlen. Das beste Kaufhaus ist El Corte Inglés (➤ 63) mit einem großen Angebot, gut geschultem Personal und angemessenen Preisen.

Kleidung

Palma hat das größte Angebot an Geschäften, aber man kann auch in anderen Orten gut einkaufen. Lederjacken sind ein ebenso guter Kauf wie Taschen, Gürtel und Schuhe. Man kann in den Haupt- und Nebenstraßen von Palma interessante Designerläden entdecken. Die Kaufhäuser führen ein großes Angebot an Waren aus Spanien und dem Ausland zu guten Preisen. Sollte man zu Hause etwas Wichtiges vergessen haben – in manchen Supermärkten gibt es billige Kleidung und Kleingeräte.

Schmuck

Die handgearbeiteten mallorquinischen Perlen kauft man am besten im El Corte Inglés, auch wenn sie in allen Souvenirläden der Insel und in den Fabriken in Manacor angeboten werden. Die teuren Juweliere befinden sich im Zentrum Palmas; auf den Märkten wird modischer Schmuck für jede Gelegenheit und jede Jahreszeit angeboten.

Leder

Spanien ist zu Recht bekannt für seine guten Lederartikel zu günstigen Preisen. Die meisten Lederwarenfabriken mit Verkauf befinden sich in Inca (➤ 153), aber in fast jedem Ort der Insel gibt es Geschäfte mit Schuhen, Jacken, Gürteln, Taschen mit unterschiedlichen Qualitäten, Design und Preisen.

Kunst

Auf Schritt und Tritt gibt es auf Mallorca Kunstgegenstände zu kaufen. Mallorca hat schon immer Künstler angezogen, und seit Jahrhunderten hängen in mallorquinischen Häusern Originale an den Wänden. Viele Hotels, Restaurants, Cafés und Bars, groß und klein, sind mit Bildern übersät, von Landschaften bis zu abstrakter Kunst. Sollte Ihnen ein Bild gefallen, lohnt es sich, beim Management nachzufragen. Fast alles ist käuflich, wenn der Preis stimmt.

Kunsthandwerk

- Es gibt wunderschöne Objekte aus **Keramik** und **Ton**, das Problem besteht nur darin, die Sachen heil nach Hause zu bekommen. Ein typisches, leider aber auch schwer transportierbares Mitbringsel sind die ***siurell***, gebrannte weiße Tonfiguren, die grün-rot bemalt sind. Jede hat eine kleine Pfeife, die sich fast wie eine Flöte anhört. Viele kommen aus Marratxi, einem Vorort von Palma, der für seinen Ton bekannt ist.

- **Olivenholz** ist ein ausgesprochen hartes Holz, das lange hält. Schüsseln, Schnitzereien und Schmuck daraus bekommt man im Fabrikverkauf in Manacor (➤ 153). Auch auf den meisten Märkten gibt es schöne Olivenholzobjekte.
- **Tischdecken**, **Sets** und **Servietten** mit meist blauen Blumenstickereien sind typisch für Mallorca. Sie sind sehr schön, müssen aber leider auch gebügelt werden, denn sie knittern beim Waschen stark. Stoffe mit dem traditionellen Muster der Insel, bekannt als *roba de llengues* (Zungen), knittern ebenfalls leicht, erinnern aber aufgrund ihres typischen Designs auch zu Hause noch Jahre später an Mallorca. Das Muster kann sowohl gewebt als auch gedruckt sein und ähnelt entfernt Wellen oder Ackerfurchen. Eine ausgezeichnete Auswahl gibt es bei Galeries Vicenç an der nördlichen Seite des Kreisverkehrs östlich von Pollença.
- Besonders beliebte Mitbringsel sind mallorquinische Spezialitäten, denn sie vermitteln Freunden und Angehörigen einen Geschmack von Mallorca. Häufig sieht man am Flughafen Reisende mit runden, hübsch bedruckten Kartons. Darin befinden sich *ensaimadas*, köstliche Teilchen, die auf Mallorca zum Frühstück verzehrt werden. Sie können Sie am Tag vor der Abreise beim Bäcker bestellen oder am Flughafen kaufen.

Preise

Die Preise sind normalerweise Festpreise; man kann natürlich auch versuchen, nach Rabatt zu fragen, besonders wenn man größere Mengen kauft. Auf den Märkten kann man natürlich auch versuchen den Preis herunterzuhandeln. Wenn man viel Zeit und Lust hat, sollte man sich in mehreren Geschäften umsehen, denn die Preise sind sehr unterschiedlich. Kreditkarten werden in größeren Geschäften und Kaufhäusern akzeptiert, aber nicht auf dem Markt. Auch kleinere Geschäfte zögern manchmal, Kreditkarten anzunehmen, obwohl sie dafür werben.

Öffnungszeiten

- Märkte finden meistens von 8–13 Uhr statt, die Zeiten hängen aber von den Jahreszeiten und dem Andrang ab.
- Normalerweise haben die Geschäfte Mo–Fr von 9.30–13.30 Uhr und von 16.30–19.30 oder 20 Uhr geöffnet. Manche Geschäfte haben im Sommer länger geöffnet. An Samstagen und Sonntagen sind die Geschäfte häufig nur vormittags geöffnet. Große Shoppingcenter und Supermärkte machen oft keine Mittagspause.

Die Besten:

... **Antiquitäten:** Del Monte, La Rambla, 8, Palma, Tel. 971 715047
... **Kunstbücher:** Llibreria des Call, Carrer Call, 8, Palma
... **Brot:** Can Banya, Carrer Sant Domingo 11, Pollença
... **Kunsthandwerk:** Galeries Vicenç, Pollença (➤ 131)
... **Kosmetika:** Selecta, Oms, 5, Palma
... **Kaufhaus:** El Corte Inglés (➤ 63)
... **Designerkleidung:** The Best, Passeig Anglada Camarasa, 7, Port de Pollença
... **Elektronik:** Continente, Cardenal Rossell s/n, Palma
... **Flohmarkt:** Consell (Sonntagmorgen) (➤ 153)
... **Traditionelles Stadtviertel:** rund um Palmas Kathedrale (➤ 46)
... **Kleidung für junge Leute:** El Corte Inglés, Palma (➤ 63)
... **Spielzeuggeschäft:** Imaginarium, Plaça Weyler s/n, Palma

Ausgehen

Der Empfangschef im Hotel, das Wochenmagazin ***The Reader***, aber auch deutschsprachige Broschüren und der von der Touristen-Information vierteljährlich veröffentlichte **Veranstaltungskalender** bieten gute Information über die Veranstaltungen auf der Insel. Von einer Dinnershow im Stil von Las Vegas im Casino bei Palma bis zur Piratenshow wird alles geboten.

Theater, Musik und Diskos

Palma zieht das ganze Jahr über Künstler von Weltruf an, ebenso die großen Clubs in Alcudia. Die verschiedensten Veranstalter bemühen sich darum, ein interessantes Unterhaltungsprogramm zu bieten, das sowohl Einheimischen als auch Touristen gefällt. Die Conselleria de Turisme subventioniert die Konzertreihe *Ein Winter auf Mallorca* mit kostenlosen Veranstaltungen von November bis April. Die meisten finden in wunderschönen alten Kirchen und Klöstern auf der ganzen Insel statt.

Fiestas

Es gibt jeden Monat irgendwo auf der Insel eine Fiesta. Man sollte sich direkt nach der Ankunft danach erkundigen, denn danach kann man gezielt auswählen und weiß außerdem, wann am jeweiligen Ort die Banken und Postämter geschlossen haben.

Fiestas

5. Januar	**Heilige Drei Könige** in Palma und Port de Pollença
17. Januar	**Segen des Antonius für die Tiere** in Palma, Sa Pobla und Artà
Februar	**Sa Rua Carnival** – großer Umzug in Palma, Paraden und Feiern in fast jedem Ort der Insel
März/April	**Osterprozessionen** in Palma, Sineu und Pollença
Mai	**Schlacht** zwischen Mauren und Christen in Sóller am zweiten Sonntag des Monats
13. Juni	**Corpus Christi Tanz der Adler** – in Pollença treten junge Mädchen in Adlerkostümen auf
16. Juli	**Verge del Carmen** – Schiffssegnung in Port d'Andratx, Cala Ratjada, Port de Pollença und Port de Sóller
2. August	**Schlacht** zwischen Mauren und Christen in Pollença
24. August	August **Fiesta Sant Bartomeu** mit Pferderennen in Capdepera
September	**Weinfest** in Binissalem am letzten Sonntag des Monats
Oktober	**La Beateta** – Prozession in Palma zu Ehren von Santa Catalina Thomàs am dritten Samstag des Monats
November	**Dijous Bo** – große Landwirtschaftsmesse in Inca mit Markt und Volksfest
31. Dezember	**Festa de l'Estendard** – Palma feiert die christliche Rückeroberung durch Jaime I. 1229

Aktivitäten im Freien

- Die Conselleria de Turisme veröffentlicht Merkblätter zu den Themen Strände, Rad fahren, Segeln, Golf, Aktivtourismus, Erholungsgebiete und Naturparks. Für Wanderer empfiehlt sich das Buch *Klassische Wanderungen durch Mallorca* von Herbert Heinrich.
- Das Mittelmeer lädt ein zum Schwimmen, Boot fahren, Wasserski fahren, Schnorcheln, Tauchen, Segeln, Windsurfen und Kanu oder Kajak fahren. Sie können mit dem Gleitschirm oder Ultraleichtflugzeug fliegen oder eine Hubschraubertour buchen. Und auf dem Land kann man wandern, klettern, Rad fahren, Golf spielen, reiten und Höhlen erforschen.
- Organisierte Abenteuerurlaube gibt es vom einwöchigen Tauch- oder Segelkurs bis zu geführten Bergwanderungen. Diese Art von Urlaub müssen Sie im Voraus buchen.

Buchungen

An jeder Hotelrezeption oder bei jeder Touristen-Information bekommt man Pläne und Informationen über organisierte Touren und kann meistens auch gleich buchen. Weitere Informationen über Inselereignisse können Sie unter folgenden Internet-Adressen abrufen:
www.visitbalearis.com
www.majorcadailybulletin.es

Eintrittspreise

Eintrittspreise für Museen und andere Sehenswürdigkeiten werden im Text durch folgende Symbole angegeben:
€ – unter 3 € **€€** = unter 6 € **€€€** = über 6 €

Balearen
Touristen-Information auf Mallorca

Die meisten Informationsstellen haben im Sommer montags bis samstags am Vormittag geöffnet, während der übrigen Jahreszeit wechseln die Zeiten. Erkundigen Sie sich gleich nach Ankunft bei der Touristen-Information am Flughafen.

Son-Sant-Joan-Flughafen
Tel./Fax 971 789556

Palma
Plaça de la Reina, 2
Tel. 971 712216
Fax 971 720251

Magaluf
Avinguda Pere Vaquer Ramis, 1
Tel. 971 131126
Fax 131188

Palma Nova
Passeig de la Mar, 13
Tel./Fax 971 682365

Pollença
Carrer Guillem Cifre
Tel. 971 535077

Port d'Alcúdia
Carretera d'Artà, 68
Tel./Fax 971 892615

Port de Pollença
Carrer de las Monges, 9
Tel. 971 865467
Fax 971 866746

Sóller
Plaça d'Espanya
Tel. 971 638008

Palma

Erste Orientierung

Gotik und Modernismo, wohlhabend und elegant – die Hauptstadt der Balearen ist eine der aufregendsten und reizvollsten Städte in Europa. Sie liegt wunderschön breit gezogen entlang einer geschützten Bucht. Hier lebt die Hälfte von Mallorcas Bevölkerung, und viele Inselbewohner sprechen von ihr nur als *Ciutat* (Stadt). Hier findet man die besten Restaurants und Geschäfte und dazu viele historische Sehenswürdigkeiten. Palma ist leicht erreichbar, und jeder Mallorca-Reisende sollte hier mindestens einen Tag verbringen, um die Atmosphäre zu genießen.

Die engen Straßen in Palma spenden Schatten

Den besten Blick auf Palma hat man vom Wasser aus, möglichst bei einer Bootsfahrt rund um die Bucht. Nähert man sich dem Hafen, scheinen die Kathedrale und der königliche Palast aus den Stadtmauern aufzusteigen, ihr goldener Sandstein wird von der Nachmittagssonne angestrahlt und spiegelt sich in einem See. Dahinter liegt das alte arabische Stadtviertel, ein Labyrinth mittelalterlicher Gassen. Katalanische Händler bauten hier prächtige Villen, deren elegante Innenhöfe noch heute existieren. Die großen Holztüren entlang der Carrer Morey öffnen sich

★ Nicht verpassen!

4 La Seu ➤ 46
5 Palau de l'Almudaina ➤ 49
10 Hafen und Promenade ➤ 51
11 Castell de Bellver ➤ 53

Nach Lust und Laune!

1 Parc de la Mar ➤ 55
2 Banys Àrabs ➤ 55
3 Museu de Mallorca ➤ 55
6 Basílica i Claustre de Sant Francesc ➤ 56
7 Plaça Major ➤ 57
8 La Rambla ➤ 57
9 Gran Hotel ➤ 58
12 Poble Espanyol ➤ 58

zur Straße und geben einen Blick frei auf die Höfe mit ihren Steinstufen, den mit Arkaden versehenen Balkonen und den großen Topfpflanzen.

In den Straßen des modernen Palma pulsiert das Leben. Bummeln Sie über die von Bäumen gesäumten Boulevards von La Rambla und Passeig des Born mit ihren Blumengeschäften und vielen Menschen, streifen Sie durch die Kunsthandwerksläden und Galerien rund um die Plaça Major, und trinken Sie zum Tagesausklang einen Kaffee in einem Café an der Uferpromenade oder einen Cocktail in einem Palast aus dem 17. Jahrhundert. Dann verstehen Sie, warum Palma zur Stadt mit der höchsten Lebensqualität Spaniens gewählt wurde (➤ 30).

Seite 41: La Seu und Palau de l'Almudaina beherrschen Palma

Der Vormittag gehört der Geschichte Palmas, während am Nachmittag genug Zeit bleibt, um die Atmosphäre der Stadt zu genießen.

Palma an einem Tag

10 Uhr

Der Spaziergang beginnt im Parc de la Mar (➤ 55), mit Blick durch die Palmen auf die Kathedrale. Steigen Sie die Treppen zur mittelalterlichen Stadtmauer hoch, und spazieren Sie durch das alte arabische Viertel mit den wunderbaren Innenhöfen in der Carrer Morey. Den Abschluss bilden die Banys Arabs (➤ 55).

11.30 Uhr

Kehren Sie zur Stadtmauer zurück, und besuchen Sie zuerst La Seu (➤ 46) und danach den Palau de l'Almudaina (➤ 49). Nach den Besichtigungen ist Zeit für eine kurze Pause in den alten königlichen Gärten, Hort del Rei, mit ihren Springbrunnen, Orangenbäumen und modernen Plastiken.

13 Uhr

Suche Sie sich zum Mittagessen einen Tisch im Freien in der Taberna la Bóveda (➤ 62), und gönnen Sie sich eine Auswahl Tapas und einen Teller *pa amb oli*.

14.30 Uhr

Zur Verdauung folgt ein Spaziergang an der Uferpromenade (➤ 51) am Fischerhafen vorbei und um den Hafen herum, dabei ist Schloss Bellver immer in der Ferne zu sehen. Wenn Sie den Anleger für die Vergnügungsdampfer erreichen, laufen Sie zurück – dabei ist die Aussicht über die Bucht noch beeindruckender.

16 Uhr

Bei El Pesquero, einem Fischerlokal, das in ein schickes Straßencafé mit Blick auf den Hafen umgewandelt wurde, können Sie sich mit Kaffee und Kuchen verwöhnen. Danach fahren Sie mit dem Taxi zum Castell de Bellver (Hof s. oben, ➤ 53), um den *bell ver* (schönen Blick) auf die Bucht von Palma zu genießen.

18 Uhr

Durch die Pinienwälder geht es hinab, dann mit dem Bus zurück in die Innenstadt. Jetzt ist es Zeit für den *paseo*, einen Bummel entlang La Rambla (➤ 57) in Verbindung mit einem Drink und einem Schaufensterbummel in den Straßen um die Plaça Major (rechts, ➤ 57).

20.30 Uhr

Gehen Sie zurück zur Uferpromenade, und essen Sie in einem der Fischrestaurants. Gönnen Sie sich nach dem Essen einen Cocktail im Abaco, Palmas elegantester Barsch. Eine Alternative bietet das Varadero, eine schöne Terrassenbar am Ende der Bucht mit tollem Blick auf die Kathedrale (Portaldetail s. links) und jüngerem Publikum. Der Abend hat zum Glück gerade erst angefangen …

La Seu

La Seu (Palmas Kathedrale) ist das Wahrzeichen der Stadt und ein Meisterwerk gotischer Architektur Kataloniens. Ihre spektakulärer Lage macht sie zu einer der schönsten gotischen Kirchen Spaniens.

Die Kirche wurde so entworfen, dass sie vom Meer aus am beeindruckendsten ist, ein Symbol christlicher Macht, das jeden möglichen Eindringling abwehrt. Man beginnt die Erkundung an der Südseite, die zum Hafen zeigt und wo Stützpfeiler sich hoch über die Sandsteinwände erheben. An der Südseite befindet sich auch das beeindruckende Portal del Mirador, ein gotisches Eingangstor aus dem späten 14. Jahrhundert. Die Türpfosten zeigen wunderbar gearbeitete Statuen von Johannes dem Täufer, Petrus, Paulus und Andreas; eine Skulptur der Jungfrau Maria ziert den Mittelpfosten. Über

Reliefdetail mit Mariä Himmelfahrt am Westportal von La Seu

**✚ 177 D2 ✉ Palau Reial, 29 ☎ 971 723130 ⌚ April–Okt. Mo–Fr 10–18, Sa 10–14 Uhr; Nov.–März Mo–Fr 10–14.30, Sa 10–13.30 Uhr; So geschl. € **

dem Portal befindet sich ein Relief des letzten Abendmahls, darüber Gott, umgeben von sechs Engeln.

Die Westseite wurde 1601 fertig gestellt, aber später bei einem Erdbeben zerstört und im ausgehenden 19. Jahrhundert im neugotischen Stil wieder errichtet. Der tatsächliche Eingang der Kathedrale ist das Portal del Almoina an der Nordseite unterhalb des Glockenturms.

Wenn man nicht gerade zum Gottesdienst kommt, betritt man die Kathedrale durch das Museum, wo in der Sakristei und im Domkapitel der Domschatz und religiöse Kunstwerke ausgestellt sind. Hat man wenig Zeit, sollte man sich direkt dem Kirchenschiff zuwenden: Den besten Überblick hat man vom großen Westportal. Das riesige Kirchenschiff mit seinen 87 Fenstern ist ein faszinierendes Kunstwerk von Licht und Schat-

Die erleuchtete Kathedrale überragt die abendliche Skyline über dem Hafen

Detail der Fensterrose in dreißig Metern Höhe

ten. Die große Rose über dem Altarraum gehört zu den größten und am besten erhaltenen der Gotik. Ihr Durchmesser beträgt zwölf Meter, die gesamte Fläche hundert Quadratmeter, und sie gliedert sich in 24 Dreiecke, deren eine Hälfte einen Davidstern formt. Die Rose wurde in den letzten Jahrhunderten immer wieder erneuert.

Das Hauptschiff wird von Seitenschiffen mit jeweils acht Kapellen flankiert. Schmiedeeiserne Kandelaber zieren die schlanken, von Antonio Gaudí entworfenenen Säulen, die das Hauptschiff von den Seitenschiffen trennen. Gaudí war es auch, der den Chor von der Mitte der Kirche zur Capella Reial (Königskapelle) hinter den Hochaltar versetzte. Er schuf die Pflanzenmotive aus Porzellan und die Wappen der Bischöfe, die den Bischofsthron aus dem 13. Jahrhundert umgeben, sowie den Baldachin über dem Altar (► 24). Die Dreifaltigkeitskapelle hinter der Königskapelle birgt die Sarkophage der mallorquinischen Könige Jaime II. und Jaime III.

KLEINE PAUSE

Zwei Straßenkreuzungen westlich von der Kathedrale liegt die Taberna La Bóveda (► 62), ein wunderbarer Ort für eine Pause. Man kann einfach nur ein Bier oder einen Kaffee oder auch ein komplettes Menü draußen in der Sonne genießen.

LA SEU: INSIDER-INFO

Top-Tipps: Besichtigen Sie die Kathedrale an einem sonnigen Tag, denn die **Glasfenster** sind bei Sonnenschein besonders spektakulär.

- Kinder werden wahrscheinlich begeistert sein von den **makabren** gekreuzten Knochen und dem Totenschädel mit dem Stundenglas im Fußboden an der Hauptseite der Kirche. Und auch ein kleiner Flöte spielender Engel ist in den wunderbar gestalteten Boden eingelassen.
- **Gratis** gelangen Sie in die Kathedrale, wenn Sie die Sonntagsmesse um 10.30 Uhr besuchen.

Palau de l'Almudaina

Islamische und gotische Architektur ergänzen sich wunderbar in diesem prächtigen Königspalast, der seit über 2000 Jahren ein Zentrum der Macht auf Mallorca ist. Die Römer bauten hier eine Siedlung, und die Araber machten daraus eine Festung, von der wiederum einige Teile für das gotische Gebäude genutzt wurden.

176 C2 Carrer del Palau Reial
971 714368
Mo–Fr 10–18 Uhr (geschl. Okt.–März 14–16 Uhr); Sa und Feiertage 10–14 Uhr; So geschl.
€

Der maurische Almudaina-Palast erstrahlt seit der Restaurierung von 1918 in neuem Glanz

Einer der faszinierenden Wandteppiche im Almudaina-Palast

Nachdem die Katalanen 1229 Mallorca erobert hatten, bauten sie den maurischen Palast für die mallorquinischen Könige und Gouverneure um, und bis heute ist die Almudaina offizielle Königsresidenz, wenn der König und die Königin auf Mallorca Staatsgaste empfangen – zum Wohnen wird jedoch der Mariventpalast benutzt. Im maurischen Palast befindet sich auch ein Museum, und es ist das militärische Hauptquartier der Balearen.

Der Blick vom Passeig Maritim und vom Hafen auf die Südfront ist einfach umwerfend. Der erste Stock wird von vier Rundbögen geschmückt, der zweite Stock von acht Spitzbögen, und der dritte und oberste Stock hat vier doppelbögige Fenster. Eine Statue des Erzengels Gabriel von 1309 krönt den Turm.

Der Haupteingang (gegenüber der Kathedrale) führt zum Königshof, in dem sich die königliche Kapelle Santa Ana befindet. Im kleineren Königinnenhof mit einer Säulengalerie und Doppelfenstern befindet sich die Jakobskapelle. Der beeindruckendste Raum des Palastes ist sicherlich das Tinell oder Krönungszimmer, in dem die Spitzbögen direkt aus dem Boden wachsen, um die Holzdecke zu stützen.

KLEINE PAUSE

Etwas nördlich bietet sich das Parlament (➤ 62) für einen Drink oder Tee an der Bar oder auch für eine Paella an.

Palau de l'Almudaina

Im Park Hort del Rei steht der maurische Drassana-Bogen mit einer Spannweite von achtzehn Metern, der die Brücke stützt, die früher zum inneren Hafen führte. Die maurischen Emire, die im Amudaina-Palast residierten, besaßen einen eigenen Landungssteg mit direktem Zugang zum Meer. Der Bogen war viele Jahrhunderte lang verschwunden, bis er während der Renovierung der Almudaina 1961 zum Vorschein kam. Wahrscheinlich wurde er während der ersten maurischen Herrschaft auf Mallorca im 5. Jahrhundert von muslimischen Architekten erbaut.

Hafen und Promenade

Palmas Seeseite an der sichelförmigen Bucht ist seit Beginn des Tourismus auf der Insel und der Entwicklung des Fischerhafens zum Fährhafen eine viel genutzte Flaniermeile. Ein wundervoller Spaziergang führt vom Parc de la Mer am Meer entlang bis zum Fährhafen am Westende. Ein fünf Kilometer langer asphaltierter Weg für Radfahrer, Skateboardfahrer, Inliner und Jogger verläuft neben dem Boulevard, der seit Mitte des 20. Jahrhunderts den alten Hafen Porto Pi mit der Innenstadt verbindet. Entlang der Promenade liegen Geschäfte, Cafés und Restaurants. Für Eilige empfiehlt es sich, einen Weg mit dem Taxi oder der Pferdekutsche zu machen.

Palmas Hafen zeigt sich von seiner malerischsten Seite

Westlich der Statue von Ramón Llull, am Kreisverkehr nahe dem Palau de l'Almudaina befinden sich der Passeig de Sagrera mit seinen schattigen Palmen und La Llotja, die im 15. Jahrhundert vom mallorquinischen Archi-

179 D2
Mare Nostrum Excursions
Passeìg Marítim 33
971 456182; www.marenostrumcatamarans.com
Mai–Okt. Fahrten um 10 und 15.30 Uhr €€€

tekten Guillem Sagrera entworfene Seehandelsbörse der Händler und Kaufleute. Heute finden hier Ausstellungen statt. Im Consulat del Mar aus dem 17. Jahrhundert sind heute ein Schifffahrtsmuseum und Regierungsbüros untergebracht. Am Westende des Passeìg steht die Statue des nicaraguanischen Dichters Rubén Darío, der sich im Kloster von Valldemossa (► 88) zur Ruhe setzte und Gedichte über das Kloster und den Ort verfasste. Der Passeìg de Sagrera wird dann zum Passeìg Marítim (Paseo Marítimo).

Seit Jahrhunderten fahren Mallorcas Fischer täglich aufs Meer hinaus

Auch wenn durch die Überfischung des Mittelmeers im Fischerhafen nicht mehr so viel Betrieb herrscht wie früher, gibt es immer noch Fischer, die in der Sonne sitzen und ihre Netze flicken. Wenn man durch die Boote hindurch nach Osten schaut, hat man einen tollen Blick auf die Kathedrale. In der Nähe befindet sich eine verblüffende zweiseitige Sonnenuhr.

An der nächsten Anlegestelle Richtung Westen, hinter einem Denkmal für mittelalterliche Kartografen, werden Schiffsausflüge zu verschiedenen Tageszeiten sowie eine Champagnerfahrt in den Sonnenuntergang angeboten. Man kann auf dem Katamaran der Reederei Mare Nostrum einen ganzen Tag inklusive Büfett verbringen; die Nachmittagsfahrt bietet Snacks und Drinks.

An den Brücken des Club de Mar liegen luxuriöse Yachten mit den Flaggen unterschiedlichster Länder, während im Estació Marítimo die internationalen Kreuzfahrtschiffe, Marineschiffe und Fähren zu den übrigen Inseln der Balearen und zum Festland vor Anker gehen.

KLEINE PAUSE

Das El Pesquero am Fischerhafen ist im Sommer ein guter Ort für einen Drink oder einen Snack auf der Terrasse.

HAFEN UND PROMENADE: INSIDER-INFO

Top-Tipp: Der Spaziergang entlang der Uferpromenade ist abends besonders attraktiv, da die Sonne über dem Hafen untergeht und die Kathedrale abends angestrahlt wird.

Geheimtipp: Hinter dem Fischerhafen befindet sich die Kapelle Sant Elm, eine Seefahrerkirche, die 1947 Stein für Stein hierher transportiert wurde und von einem kleinen Garten umgeben ist.

Castell de Bellver

Der Name dieses Schlosses bedeutet auf Katalanisch »Schöne Aussicht«, und wenn man auf der Dachterrasse steht und auf die Stadt und Bucht von Palma blickt, weiß man auch, warum.

Das einzige runde Schloss Spaniens besitzt drei halbrunde Festungstürme, ein vierter Turm steht sieben Meter vom Schloss entfernt. Im Inneren des zweistöckigen Gebäudes liegt ein runder Hof. Das Erdgeschoss besitzt wunderbare Rundbögen, in denen Licht und Schatten spielen, der erste Stock hat dagegen

179 D2 Park Bellver, El Terreno
971 730657
April–Sept. Mo–Sa 8–20.30, So 10–19 Uhr;
Okt.–März Mo–Sa 8–19.15, So 10–17 Uhr
3, 4, 20, 21, 22 bis Plaça Gomila €

Den besten Blick auf das Castell de Bellver hat man von den Hügeln hinter Cala Major

gotische Spitzbögen und Rippengewölbe.

Es fällt schwer zu glauben, dass das gut erhaltene Fort bereits vor siebenhundert Jahren während der Regierung von Jaime II. errichtet wurde. 1717 wurde es zum Militärgefängnis. Zu Beginn des 19. Jahrhunderts hielt man hier unter Carlos IV. den Finanzminister Gaspar Melchor fest, später dann französische Offiziere und Soldaten, die in der Schlacht von Bailén geschlagen worden waren. General Lacy, Anführer eines fehlgeschlagenen Aufstandes, wurde 1817 hier hingerichtet. Ab 1821 dient das Schloss als Münze.

1931 schenkte die Regierung der Balearen das Schloss der Stadt Palma, die daraus ein Museum für lokale Geschichte mit einem Park machte. Im oberen Stockwerk befindet sich die Sammlung Despuig, eine gute Kollektion klassischer Skulpturen. Zu ihr gehören die Skulptur eines nackten Mannes, eine Medusa und die weiße Marmorskulptur einer jungen Frau, die auf ihrem Bett schläft.

Pere Salvà, der Schloss Bellver baute, gestaltete auch Almudaina neu

KLEINE PAUSE

Das Einkaufszentrum Porto Pi liegt ganz in der Nähe am Wasser. Dort lohnt sich ein Besuch in Frommos Käsegeschäft, wo man ein Glas Wein trinken und Käsesorten probieren kann.

CASTELL DE BELLVER: INSIDER-INFO

Top-Tipps: Ein Blick in den Brunnen in der Mitte des Innenhofes lohnt sich. Dort sind an den Wänden wunderbare Efeu- und Farnpflanzen gewachsen.

• Die Busse zum Castell de Bellver halten an der Plaça Gomila, von wo aus man einen steilen Weg durch die Pinienwälder nehmen muss. Man kann auch ein Taxi nehmen, auf dem Rückweg laufen und dann mit dem Bus nach Palma zur Uferpromenade fahren.

Muss nicht sein! Wenn man wenig Zeit hat, kann man sich das Museum mit seinen relativ langweiligen Ausgrabungen sparen.

Außerdem: Wenn man Gefallen an der Skulpturensammlung Despuig gefunden hat, kann man auch den Landsitz von Kardinal Despuig aus dem 18. Jahrhundert mit Gärten im italienischen Stil in Raixa besuchen. Ein Wegweiser steht an der Straße Palma–Sóller südlich von Bunyola (Winter Mi–So 11–17 Uhr, Sommer 11–19 Uhr).

Nach Lust und Laune!

1 Parc de la Mar

Südlich von La Seu und den alten Stadtmauern liegt ein schöner, schattiger Park mit Terrassen, Wegen und Cafés. Hierhin ziehen sich die Angestellten Palmas gern während der Mittagspause zurück. Der Parc de la Mar entstand in den Sechzigerjahren auf dem Land, das man dem Meer beim Bau des Passeig Marítim abgewonnen hatte. Für manche ist er ein Beispiel von Rücksichtslosigkeit gegenüber der Natur, für andere einer der schönsten Plätze Palmas. In der Mitte befindet sich ein künstlicher See, in dem sich die Kathedrale so spiegelt wie früher im Meer. Das große, bunte Wandgemälde daneben ist ein Geschenk des katalanischen Künstlers Joan Miró an seine Wahlheimat. Im aufgefüllten Graben zwischen der inneren und äußeren Stadtmauer liegt Ses Voltes, eine Arena für Freiluftkonzerte und Ausstellungen. In den Cafés im Park bekommt man Getränke und kleine Gerichte, und es gibt auch einen Spielplatz.

177 D1

2 Banys Àrabs

Die arabischen Bäder im Garten von Can Fontiroig gehören zu den wenigen noch erhaltenen Bauwerken aus der Zeit der maurischen Besatzung in den Jahren 902 bis 1229. Sie stammen aus dem 12. Jahrhundert und gehörten einem arabischen Adligen.

Die Bäder sind im römischen Stil gebaut und dienten als Treffpunkt und zur Erholung. Man erkennt noch den Platz für die Kamine und Reste der Dampf- und Wasserleitungen.

Die Badenden gingen durch einen schmalen Gang zu den Umkleideräumen, dann betraten sie das Tepidarium, den Verbindungsraum zwischen Kalt- und Warmwasserräumen, mit dem schönen Deckengewölbe. Vom lauwarmen Wasser ging es weiter in den Hauptraum, das Caldarium, mit heißem Wasser. Die zwölf zylindri-

Eines der farbenfrohen Gemälde aus dem Museu de Mallorca

schen Säulen des rechteckigen Raumes bilden hufeisenförmige Bögen; darüber spannt sich eine Kuppel mit 25 kleinen runden Dachfenstern. Die Kapitelle sind nicht einheitlich, wahrscheinlich, weil die Mauren oft Material von älteren Gebäuden wieder verwendeten.

Der Garten mit Kakteen, Palmen, Orangenbäumen und Springbrunnen ist ein ausgezeichneter Ort zur Entspannung und zum Nachdenken.

177 D2
Carrer de Can Serra, 7
971 721549
tägl. 9.30–19 Uhr
€

3 Museu de Mallorca

Wenn man sich für Mallorcas Geschichte interessiert, darf man das Museu de Mallorca, das umfassendste historische Museum der Insel, nicht verpassen. Es befindet sich in einem Palast aus dem 17. Jahrhundert, Ca la Gran Cristiana, der auf den Fundamenten eines alten maurischen Hau-

ses errichtet wurde. Der große Innenhof führt zu den Räumen mit Ausstellungsstücken, die die wechselvolle Geschichte der Besiedlung erzählen.

177 D2 ✉ Carrer de la Portella,5
☎ 971 71540
Nov.–Mai Di–Sa 9.30–13.30, 16–18, So 10–14 Uhr; Juni–Okt. Di–Mi und Fr–Sa 10–14, 17–19, Do 10–14, 18–21, So 10–14 Uhr
€

6 Basílica i Claustre de Sant Francesc

Ein Besuch dieser gotischen Kirche lohnt sich – das Innere wegen des Grabes von Ramón Llull, einem reichen mallorquinischen Gelehrten, das Äußere wegen des gepflegten Kreuzganges.

Es ist nicht einfach, Llulls Grab zu finden, da es in der Kirche sehr dunkel ist. Es befindet sich in einer trapezförmigen Kapelle auf der linken Seite nahe dem Eingangsbereich. An der Wand gibt es einen Lichtschalter, um die Nische zu erleuchten. Der reichlich klein erscheinende Sarg wurde 1487 aus Alabaster gefertigt und zeigt die Liegefigur des berühmten Gelehrten. In den sieben leeren Nischen darunter sollten Statuen der Künste Platz finden, sie blieben jedoch leer.

Der angrenzende Kreuzgang ist eine Oase des Friedens und wurde zum na-

Die Kirche Sant Francesc mit dem Kreuzgang wurde am Ort einer ehemaligen maurischen Seifenfabrik errichtet

Geschäfte säumen die Treppe von der Plaça Weyler zur Plaça Major

tionalen Kulturerbe erklärt. Über den Rasen führen Wege zum Springbrunnen aus dem Jahr 1638, der das Wappen des Bischofs Johannes von Santander trägt.

Das getäfelte Holzdach des Arkadengevierts zeigt das Wappen des katalanisch-aragonesischen Herrscherhauses. Die 115 Säulen, die durch Spitzbögen miteinander verbunden sind, erinnern an die maurische Architektur. Auf der nördlichen Seite des Kreuzgangs wechseln sich dicke und dünne Säulen ab, während die Säulen der anderen Seiten zwar einheitlich sind, dafür aber stärker verzierte Bögen besitzen. Der obere Kreuzgang aus dem 16. und 17. Jahrhundert hat achteckige Säulen. An den Wänden und im Boden befinden sich Grabplatten.

177 E2
Plaça de Sant Francesc
971 712695
tägl. 9.30–12.30 Uhr, 15.30–18 Uhr; So und Feiertage 9.30–12.30 Uhr
€

7 Plaça Major

Nachdem zu Beginn des 19. Jahrhunderts das Hauptquartier der Inquisition abgerissen worden war, wurde an der gleichen Stelle zehn Jahre später die Plaça errichtet. Die vierstöckigen Häuser entlang des Platzes besitzen alle grüne Fensterläden, und im Erdgeschoss befinden sich unter den Arkaden viele kleine Geschäfte. Bis 1951 wurde hier auch der Fisch- und Gemüsemarkt abgehalten, dann verlegte man ihn an einen anderen Ort. Bei Bauarbeiten für eine Tiefgarage fand man in den Sechzigerjahren an der Nordseite die Überreste einer maurischen Stadtmauer. Der Wissenschaftler und Gelehrte Ramón Llull wurde hier geboren, das Haus steht jedoch nicht mehr. Heute ist diese Fußgängerzone ein angenehmer Ort für eine Pause, es gibt mehrere Straßencafés, Musiker treten auf und Künstler verkaufen ihre Werke. Für Kinder gibt es ganz in der Nähe ein Geschäft von Walt Disney.

177 E3

8 La Rambla (Vía Roma)

1613 wurde die Promenade im früheren Bett eines Flusses gebaut, der immer wieder zu schrecklichen Überschwemmungen geführt hatte. Mitte des 19. Jahrhunderts baute man die Straße um, pflanzte Platanen und errichtete am Nordende einen zwölfseitigen Brunnen. An der Südseite blicken die gefälligen Statuen zweier antiker Römer auf Ruinen und auf die Treppe zur Plaça Major. Die Vía Roma mit ihren Blumenständen lädt zu einem Bummel ein.

177 D4

Das Gran Hotel war Vorbild für viele moderne mallorquinische Hotels

9 Gran Hotel (Fundació la Caixa)

Dieses hübsche, fünfstöckige Jugendstilgebäude wurde 1902 als erstes Grand Hotel in Palma errichtet; 1993 wurde es von der katalanischen Bank La Caixa wieder hergerichtet. Die prächtige modernistische Fassade besteht aus einer wunderbaren Mischung von Säulen, Bögen und Balkonen, verziert mit bunten Keramikkacheln. Das frühere Hotel ist inzwischen zu einem Kulturzentrum geworden. Die Stiftung La Caixa bietet hier kulturelle, soziale, pädagogische und umweltpolitische Veranstaltungen, Konzerte und Ausstellungen an. Eine Dauerausstellung zeigt achtzig Ölgemälde und 125 Zeichnungen des Post-Impressionisten Anglada Camarasa aus Pollença (1871–1959). Auch die Wechselausstellungen sind immer sehenswert. Im Erdgeschoss gibt es ein gutes Restaurant (El Café, ➤ 61), eine Bar und eine Kunstbuchhandlung.

177 D3
Placa Weyler, 3
971 178500; Fax: 971722120;
e-mail: ccpalma.fundacio@lacaixa.es
Di–Sa 10–21 Uhr, So und feiertags 10–14 Uhr
frei

12 Poble Espanyol (Pueblo Español)

Diese Freilichtausstellung mit zwei Dutzend Miniaturen von Burgen, Schlössern, Forts, Villen und Denkmälern aus ganz Spanien ist wie eine mittelalterliche Stadt mit Mauern umgeben. Dort stehen verkleinerte Abbildungen von Sevillas Torre Giraldo, der Alhambra in Granada und El Grecos Haus in Toledo, aber auch ein typisches Haus der Kanarischen Inseln mit Balkon und Holzgittern. Eine beeindruckende Ausstellung zeigt das Landleben auf Mallorca einst und jetzt. Im Poble Espanyol herrscht kein Mangel an Cafés, Bars und Restaurants. Handwerker, vom Holzschnitzer bis zur Spitzenklöpplerin, zeigen ihre Kunst.

179 D2
Carrer de Poble Espanyol, 39
971 737075
April–Nov. tägl. 9–20 Uhr, Dez.–März 9–18 Uhr
4, 5, Taxi
€€

Töpfer und andere Handwerker zeigen ihre Kunst im Poble Espanyol

Wohin zum … Übernachten?

Preise: Die Preise beziehen sich auf das günstigste Doppelzimmer während der Hochsaison, Mehrwertsteuer inbegriffen. In der Nebensaison können die Preise bis zu 50 Prozent niedriger liegen. Das Frühstück ist gewöhnlich inbegriffen.
€ unter 60 € **€€** unter 120 € **€€€** über 120 €

Wie die meisten großen Städte bietet Palma gute Unterkünfte, von den internationalen Ketten bis zu billigen Pensionen für schmalere Geldbeutel.

Born €€

Dieses 2-Sterne-Hotel am Ende des Passeig des Born ist die beste Adresse, wenn Sie Charme, Charakter und zentrale Lage zu einem vernünftigen Preis suchen. Es liegt hinter großen Holztüren in einem Palast aus dem 16. Jahrhundert, den schönen Hof zieren Palmen. Im Sommer können Sie im Hof das Frühstück einnehmen. Obwohl man dem Hotel sein Alter und eine gewisse Abnutzung ansieht, sind die Zimmer recht bequem und haben alle Klimaanlage und Zentralheizung. Die eleganten Geschäfte der Avinguda Jaume III liegen direkt um die Ecke, und das Meer ist nur einen kleinen Bummel entfernt.

176 C3 ✉ Carrer Sant Jaume, 3
☎ 971 712942; e-mail: hotel-born@hotmail.com; www.hotelborn.com

Dalt Murada €€€

Diese elegante gotische Herrenhaus nahe der Kathedrale wurde sorgfältig restauriert und zu einem Luxushotel mit nur drei Doppelzimmern und fünf Suiten umgebaut. Alle sind mit Wandteppichen und Möbeln des 18. Jahrhunderts ausgestattet, besitzen aber auch moderne Annehmlichkeiten wie Klimaanlage, Minibar, Satelliten-Fernsehen und Internet-Anschluss. Einige haben ihren eigenen Whirlpool und ihre private Terrasse. Ein guter Stützpunkt für ein romantisches Wochenende in der Altstadt.

177 D2 ✉ Carrer Almudaina, 6 A
☎ 971 425300; Fax 971 719708;
e-mail: info@daltmurada.com;
www.daltmurada.com

Palacio Ca Sa Galesa €€€

Dieser kleine, prächtige Palast aus dem 17. Jahrhundert, ein großartiger Standort um Palma zu entdecken, liegt im Herzen der Altstadt hinter der Kathedrale. Hinter den schmiedeeisernen Toren und dem Innenhof, der als Parkplatz dient, findet man eine angenehme Unterkunft, die mit Antiquitäten ausgestattet ist und modernen Komfort sowie guten Service bietet. Die zwölf Zimmer tragen die Namen berühmter Musikstücke, das beste Zimmer bekommt man, wenn man nach Gershwins *Rhapsody in Blue* fragt. Im Kellergewölbe, das noch von den Römern stammen soll, sind ein kleiner Pool, die Sauna und ein Fitnessraum eingerichtet. Nachmittags wird im eleganten Salon mit interessanten Büchern für die Gäste kostenloser Tee serviert.

177 D2
✉ Miramar, 8
☎ 971 715400; Fax 971 721579;
e-mail:reservas@palaciocasagalesa.com;
www.palaciocasagalesa.com

Ritzi €

Dieses einfache *Hostal* im Herzen der Altstadt bietet zweckmäßige Zimmer für Reisende mit knappem Budget. Alle Zimmer haben fließend warmes Wasser, einige teilen sich Bad oder Dusche – man sollte bei der Reservierung nachfragen. Die Plaça La Llonja, auf der abends immer viel los ist, befindet sich ganz in der Nähe.

176 B3
Apuntadores, 6
971 714610

San Lorenzo €€€

Ein bezauberndes Haus aus dem 17. Jahrhundert, im historischen Stadtzentrum gelegen, bietet mit seinen sechs Zimmern Heimat fern der Heimat – nur das Parken ist ein Problem. Anstelle eines Fahrstuhls gibt es einen Seilzug, mit dem das Gepäck in den dritten Stock befördert wird. Im kleinen Frühstücksraum mit der Art-déco-Bar aus Paris kann man wunderbar den Tag beginnen, den man dann abends im wundervoll angelegten Dachgarten mit Swimmingpool in aller Ruhe ausklingen lässt.

176 B3
Carrer Sant Lorenc, 14
971 728200; Fax 971 711901;
e-mail: info@hotelsanlorenzo.com;
www.hotelsanlorenzo.com

Wohin zum ... Essen und Trinken?

Preise: Das **€** zeigt an, was man für ein durchschnittliches Essen pro Person inklusive Getränke, Steuern und Service ausgeben muss.
€ unter 15 € **€€** unter 30 € **€€€** über 30 €

Die Küche, egal ob Fleisch oder Fisch, wird hauptsächlich durch die Jahreszeit und das Angebot auf dem Markt bestimmt, man sollte also nicht Frühlingslamm im Sommer erwarten! Das winterliche Perlhuhn wird im Sommer durch marinierten Thunfischsalat ersetzt. Die Frühlingssuppe aus Spargel und Mandeln wird im Herbst zur Pilzpastete. Die unten angeführten Restaurants dienen nur als Beispiele zur Orientierung. Selbstverständlich gibt es daneben noch zahlreiche andere gute Restaurants.

Can Joan de s'Aigo €

Ein Ableger des Lokals in der Altstadt mit einem freundlicheren Ambiente. Es gibt rote Samtstühle und Damaststoffe, vergoldete Spiegel an den Wänden und Kupfertöpfe, die das Licht der Kronleuchter reflektieren. Der *café con leche* ist zusammen mit einer *ensaimada* (süßes Gebäck mit Puderzucker) schon fast eine Mahlzeit; die *ensaimadas* werden den ganzen Tag frisch gebacken. Berühmt sind die heiße Schokolade, die kalte, süße Mandelmilch und die Mandeleiskrem. Der Mandelkuchen wird nach traditioneller Art ohne Mehl, nur aus Mandeln, Zucker und Eischnee hergestellt. Früher wurde hier für medizinische Zwecke Eis aus den Bergen verkauft.

176 B4
Baró Santa Maria del Sepulcre, 5
971 725760
Mi–Mo 8–21 Uhr

Celler Sa Premsa €

Im Sa Premsa schmücken Knoblauchzöpfe und große Flaschenkürbisse die Wände, und auf den Deckenventilatoren und den großen Eichenfässern liegt der Staub vieler Jahre, aber die Gäste drängen sich wegen der einzigartigen Atmosphäre und trotz des Lärms. Man sitzt an langen Tischen und Bänken, das Essen ist ganz traditionell mit Bauernbrot und grünen Oliven als Vorspeise. Die Pommes frites sind knusprig, und die Kroketten zergehen auf der Zunge. Spezialität ist Schweinelende mit Kohl.

177 D5
Plaça Bisbe Berenquer de Palou, 8
971 723529
Mo–Sa mittags und abends

El Café €€

Das Lokal ist schlicht und modern mit weißen Marmorböden und Glasfenstern zur Straße. Mittags gibt es ein *menú del día*, das z.B. aus Reissalat, einer frittierten Seezunge und Schokoladenkuchen bestehen kann. Auf der Karte stehen daneben Ravioli gefüllt mit Artischoken in Pesto, grüne Bohnen mit Entenleberpastete und das Spezialdessert aus Vanille- und Schokoladeneis, karamellisierten Nüssen, Schlagsahne, Erdbeeren und Karamellsoße. Im Sommer erfrischen Eistee und Eiskaffee.

177 D3
Plaça Weyler, 3 (im Gran Hotel)
971 728077
Mo–Sa 9–21, So 10–14 Uhr

Es Baluard €€€

Dieses Restaurant in der Nähe des Hotels San Lorenzo (► 60) wird von Joan Torrens Cantallops geleitet, dessen Familie auch Can Amer in Inca besitzt. Es gibt erstklassige moderne mallorquinische Küche. Die mit Meeresfrüchten gefüllten Pilze sind ausgezeichnet, ebenso die mit *sobrasada* und Auberginen gefüllte Lammschulter. Die Weinkarte offeriert ein großes Angebot zu angemessenen Preisen, der einfache Hauswein ist jedoch auch zu empfehlen. Die Einrichtung ist typisch mallorquinisch mit grünem *llengua*-Muster auf den Tischsets und Stuhlbezügen, bunte Keramikteller zieren die Wände. Auf jedem Tisch liegt eine riesige Orange, Früchte und Gemüse schmücken den ganzen Raum.

176 B3 Plaça Porta Santa Catalina, 9
971 719609
Mo–Sa 13–16, 20–23.30 Uhr

Fabrica 23 €€

Dieses beliebte Restaurant im lebensfrohen Santa-Catalina-Viertel wird vom britischen Küchenchef Alexei Tarsey und seinem Bruder Sascha geführt. Sie bieten moderne Mittelmeerküche mit verschiedenen Einflüssen von Italien bis Fernost. Kommen Sie früh hierher, um das Mittagsmenü zu genießen, das sogar Wasser und Wein umfasst. Die Abendkarte wechselt täglich, je nach Angebot des Marktes; sie ist mit Kreide in Spanisch auf eine Tafel geschrieben. Es könnte eine Sellerie-Apfel-Roquefort-Suppe geben, dazu eine Entenbrust mit fünf Gewürzen und Mangosorbet als Nachtisch.

176 A4 Carrer Fábrica, 23
971 453125
Di–Sa 13–15.30, 21–23.30 Uhr

Jarana €€

Die Nähe zum Hafen macht die Gegend attraktiv, sie wird zurzeit neu gestaltet. Das Essen ist beste Madrider Küche, besonders der *cocido madrileno* (Eintopf), eine mittägliche Spezialität. Auf der Karte stehen auch *patatas bravas* (würzige gebratene Kartoffeln), Lauchcremesuppe und Ratatouille mit Schweinelende. Birnen in Rotwein bieten sich als schmackhaftes, aber leichtes Dessert an.

176 A4 Carrer Cotoner, 47
971 455628 tägl. 13.30–15.30, 20–24 Uhr außer Mi und So Abend

Koldo Royo €€€

Die schrecklichen Gemälde an den Wänden sollte man nicht beachten, die eigentliche Kunst liegt auf den Tellern. Der baskische Küchenchef Koldo Royo hat ein brillantes Feinschmeckermenü mit gaumenkitzelnden Miniportionen kreiert (*menu degustacio*), das etwa so aussehen könnte: Salat von Austern mit Meerwassersorbet, Entensuppe mit Pilzen und Mais, Seebarsch auf schwarzen Nudeln, Ochsenschwanz gefüllt mit Schweinsfüßen und Käse-Quitten-Kuchen mit Eis – alles schmeckt phantastisch und ist überraschend leicht. Der panierte Tagesfisch ist ebenfalls ausgezeichnet. Zum günstigen *menú del día* treffen sich hier mittags Beamte, Rechtsanwälte und Politiker, die Kellner vergessen jedoch meist, über diese Möglichkeit zu informieren. Abends ist das Essen teurer. Bei der Reservierung sollte man nach einem Fensterplatz fragen, der Blick über den Hafen ist traumhaft. Der Küchenchef verrät seine Geheimnisse in einem

Buch, das man im Restaurant kaufen kann.

176, bei A3
Passeig Marítim, 3
971 732435; Fax 971 738647; www.koldoroyo.es
Mo–Sa mittags und abends

La Bóveda €

In der besten Tapas-Bar in Palma dienen Weinfässer als Tische, die Wände zieren Kacheln. Wählen Sie Schinken oder Wurst, Tortilla (Kartoffelomelette), Kroketten mit Meeresfrüchten oder Spezialitäten wie Datteln in Speck oder würzige galicische Pfefferschoten. Das *pa amb oli* (Brot mit Olivenöl und Tomate) ist eine ganze Mahlzeit. Eine neuere Version des Restaurants, Taberna la Bóveda, ist gerade um die Ecke und bietet im Sommer eine Terrasse mit Meeresblick.

176 B2
Carrer Boteria, 3
971 714863
Mo–Sa 13.30–16, 20.30–0.30 Uhr

La Locanda Umbra €€

Auch wenn man wenig Hunger hat, lohnt es sich, hierher zu kommen. In der Mitte des Restaurants steht ein großer, runder Tisch, auf dem sich Dutzende von köstlichen Vorspeisen türmen, von gegrillten und marinierten Auberginen bis zu kleinen gefüllten Tintenfischen. Der Preis richtet sich nach der Größe des Tellers. Wenn man nicht unersättlich ist, bleibt noch Platz für die hausgemachten Gnocchi mit Garnelen und Pilzen, das panierte Kalbskotelett mit Tomaten, Knoblauch und Rosmarin und ein Tiramisu zum Dessert. Die meisten Gäste stammen aus Palma und schätzen den guten Service und das leckere Essen zu akzeptablen Preisen.

176, bei A3
Carrer Torrent, 4 971 453623
Mo–Fr 13–15.45, 20–23.45, Sa 20–23.45 Uhr

L@ Red Cybercafé €

So sollte ein Cybercafé sein: ein Dutzend Computer mit schnellen Internet-Zugängen, gute Hintergrundmusik, Spiele wie Parcheesi und Trivial Pursuit, Zeitungen und Computermagazine in verschiedenen Sprachen, eine leckere Quiche Lorraine und verschiedene Sandwiches, frischer Orangensaft und Bananenmilchshakes und mehrere Sorten Bier. An der Wand unterstreichen Uhren aus fünf unterschiedlichen Zeitzonen das Informationszeitalter.

176 C4
Concepció, 5
971 713574
Mo–Fr 10–1 Uhr, Sa–So 18–1 Uhr

La Taberna del Caracol €

Essen und Service sind tadellos in diesem Juwel in der Altstadt nahe der Banys Àrabs (➤ 55). Die Atmosphäre ist trotz hoher Wände und Halogenlichtern gemütlich. Die roten Paprika und Tomaten an den Wänden sowie die Terrakottakrüge mit kleinen Schälchen, aus denen Hühner trinken können und die offene Küche machen das Lokal beliebt. Die warme Hähnchenleber mit Salat ist zu empfehlen. Mittags gibt es ein exzellentes dreigängiges Menü. Wer nicht warten will, muss ganz früh oder recht spät kommen.

177 E2
Sant Alonso, 2
971 714908
Mo–Sa 13–15.30, 19.30–23.30 Uhr

Parlament €

Ein großartiger Ort um eine Paella zu genießen, und hier bekommt man sie auch für nur eine Person. Eine andere Spezialität ist der schwarze Reis mit Tintenfisch, außerdem gibt es eine wechselnde Tagesempfehlung. Mittags herrscht Hochbetrieb, denn dann kommen Regierungsbeamte, Politiker und Journalisten, deswegen sollte man entweder reservieren oder eine längere Wartepause an der Bar einplanen. Zum viktorianischen Dekor mit Kristalllüstern, vergoldeten Spiegeln und Holzpaneelen passen die freundlichen Kellner.

176 C3
Conquistador, 11

☎ 971 726026
🕐 Mo–Sa 13–16.30, 19.30–0.30, So 13–16.30 Uhr

Vecchio Giovanni €

Ein bunter Hahn schmückt den Eingang dieses großen Restaurants mit fünf Speisesälen und hundert verschiedenen Gerichten. Vegetarier sind begeistert von den Wildpilzen in Knoblauchsoße, dem Blumenkohlgratin und den gebackenen Auberginen mit Paprika und Tomaten. Auch die Fischlasagne ist zu empfehlen. Die Portionen sind großzügig, der Service freundlich. Ein Relief des *Letzten Abendmahls* dominiert eine Wand des Hauptraums, viele andere Kunstwerke stammen von Julio Viera, einem Studenten von Salvador Dalí.

✚ 176 C3
✉ Carrer San Juan, 3
☎ 971 722879
🕐 Di–So 13–15, 18.30–23.30 Uhr

Wohin zum … Einkaufen?

Palma ist die wichtigste Handelsstadt Mallorcas, und man kann in der Altstadt, im Stadtzentrum, in Einkaufszentren oder in Vororten einkaufen bis zum Umfallen. Auf der Plaça Major gibt es montags und freitags vormittags einen Markt.

Porto-Pi-Einkaufszentrum

Dieser Riesenkomplex am Westende des Passeig Marítim besteht aus über hundert Geschäften und tausendfünfhundert kostenlosen Parkplätzen. Die Geschäfte haben Montag bis Samstag von 10 bis 22 Uhr geöffnet und sind nach ihrem Angebot geordnet: Kleidung, Schuhe und Accessoires; Spezialitätengeschäfte; Haushaltswaren und Geschenkartikel. **Artesanos Camiseros**, das weltweit 150 Filialen besitzt, kann innerhalb von vier Tagen ein maßgeschneidertes Hemd aus dreihundert vorrätigen Stoffen anfertigen. **Mercat Artesà**, das sich hinter der Rolltreppe versteckt, führt exquisite venezianische Masken und Schachspiele mit mallorquinischen Bauern als Spielern. **Bibliono Papeleria** verkauft unter anderem wunderbares handgeschöpftes Papier und kleine Schmetterlinge. Bei **Viajes Y Aventura** kann man ein Schweizer Offiziersmesser kaufen, einen klappbaren Wanderstock oder eine Coleman-Camping-Gaslampe, und – wenn man zu viel gekauft hat – auch noch einen Koffer. Es gibt einen riesigen Supermarkt, mehrere Eisdielen und Fastfoodketten.

El Corte Inglés

Auch wenn es in den Straßen Palmas nur so von Geschäften wimmelt, konzentriert sich das Geschäftsviertel doch auf die Avinguda Jaime III und die Nachbarstraßen. Ein Bummel lohnt sich, aber einer der besten Einkaufsorte ist **El Corte Inglés** (Avinguda Jaime III, 15 und Avinguda d'Alexandre Rosello, 12; www.elcorteingles.com), eines von Spaniens besten Kaufhäusern. Man kann fast alle Urlaubseinkäufe hier erledigen: Es gibt ein großes Angebot, faire Preise und angenehme Bedienung. Der Gourmet Club bietet ungefähr tausend verschiedene Weine, diverse Olivenöle, Würste und Käse, Picknickpakete für einen Tag am Strand und andere gastronomische Höhepunkte. Und auch ein Supermarkt und eine Cafeteria findet man hier. Bei Kleidung werden viele Designer angeboten, und bei den Accessoires gibt es modische Brieftaschen, Ledertaschen und Rucksäcke. Es gibt eine Parkgarage, und man kann Filme entwickeln lassen. Wenn man für mehr als 90 Euro einkauft und Bürger eines Nicht-EU-Landes ist, bekommt man bei der Ausreise die Mehrwertsteuer zurückerstattet – El Corte Inglés übernimmt die Formalitäten.

Wohin zum … Ausgehen?

Es gibt so viel, was man in Palma unternehmen kann: Informationen bieten die englischen Zeitschriften *The Reader* oder deutschsprachige Broschüren, die man am Kiosk oder an der Hotelrezeption bekommt.

Hubschrauber-Flüge

Sloane Helicopters bietet Flugstunden und Rundflüge über die Insel mit herrlichen Ausblicken an. Während einer halbstündigen Einführung wird man Sie ermutigen, das Steuer zu übernehmen. Wenn Sie sich nur bequem zurücklehnen wollen, können Sie einen einstündigen Rundflug für 450 € buchen: Sloane Helicopters Mallorca am Flughafen von Son Bonet (Tel. 971 794 132; e-mail: info@sloanemallorca.com; www.sloanemallorca.com).

Konzert und Theater

Konzerte, Theater-, Ballett- und Opernführungen finden regelmäßig im Auditórium (Passeig Marítim, 18; Tel. 971 734735) statt. Im Teatre Principal (Plaça Weyler, Tel. 971 713356; www.teatreprincipal.com) finden während des ganzen Jahres Opern- und Theateraufführungen statt.

Kino

Es gibt zahlreiche Kinos in Palma, aber im Renoir (S'Escorxador, Emperatriz Eugenia, 6; Tel. 971 205408) werden Filme im Original mit spanischen Untertiteln gezeigt. Die Parkgebühr ist im Eintrittspreis eingeschlossen.

Nachtleben

Die Sommernächte am Mittelmeer sind zum Schlafen viel zu schade. Das Gebiet rund um Plaça Llotja ist bis weit nach Mitternacht belebt. Abaco (Carrer Sant Joan) bietet sich für einen Drink in besonderer Atmosphäre an. Die Bar befindet sich in einer Villa aus dem 17. Jahrhundert und ist mit herrlichen Antiquitäten, einer Fülle von Früchten und Gemüsen, Blumenarrangements und Kerzen in Hülle und Fülle ausgestattet, dazu gibt es klassische Musik. In der Taberna La Bóveda (➤ 62) bekommt man eine große Auswahl an Tapas und verschiedene Variationen von *pa amb oli*.

Um den Mondaufgang über der Bucht von Palma zu sehen, sollte man zum Hafenbecken gehen, zu den Bars des Puerto Pesquero oder Dàrsena (beide am Passeig Marítim). Die Jugend zieht es nach Mitternacht zur Disko im Lluna oder Pacha (beide am Passeig Marítim), zum Jazz (Bar Barcelona; Apuntadores, 5) oder Blues (Blues Ville; Carrer Ma d'es Moro, 3). Das Café-Restaurant Real (Avinguda Gabriel Alomar y Villalonga, 11) ist rund um die Uhr geöffnet. Für eine Dinnershow im Stil von Las Vegas empfiehlt sich das Casino oder Son Amar (Carretera de Sóller, km 10,8; Tel. 971 617533; www.sonamar.com), wo man spanisches Ballet, die Drifters oder Angelos Zaubershow sehen kann.

Zuschauersport

Stierkampf, mehr Show als Sport, findet von April bis Oktober sonntagnachmittags in der Plaça de Toros (Avinguda Gaspar B Arquitecte, 32; Tel. 971 755245) statt. Es lohnt sich, den Aufpreis für einen Platz im Schatten zu zahlen. Man sollte übrigens nicht erwarten, dass man den Stolz und die Leidenschaft der Spanier verstehen und nachvollziehen kann: Stierkampf ist seit über tausend Jahren eine spanische Tradition, wird aber ganz allmählich durch den immer populärer werdenden Fußball ersetzt. Fußballspiele finden sehr häufig in den Stadien rund um Palma statt.

Der Westen

Erste Orientierung

Der Westen Mallorcas ist eine Miniaturausgabe der gesamten Insel mit geschäftigen Urlaubsorten, wunderbaren Buchten, einer wilden Küste im Norden und einer spektakulären Gebirgslandschaft. Diese Gegend wurde zuerst für den Tourismus entdeckt, und jahrzehntelang gehörten Baukräne zum gewohnten Bild. Verschlafene Fischerdörfer wurden zu Ferienorten, seelenlose Apartmentblocks verunstalteten die Küste. Glücklicherweise lernen die Mallorquiner aus den Fehlern der Vergangenheit; neue Baugenehmigungen werden sorgfältig überwacht, und die schlimmsten Bausünden werden abgerissen und machen Zug um Zug eleganten Promenaden Platz.

Entlang der Bucht von Palma reihen sich schicke Yachthäfen und überfüllte Strände aneinander, leben Millionäre neben einfachen Leuten. Trotz des schlechten Rufs eines Urlaubsortes wie Magaluf ist diese Gegend immer auch für die Superreichen und die Schickeria attraktiv gewesen. König Juan Carlos und seine Frau Sofia verbringen den Sommer in ihrer Residenz Marivent, einem rosafarbenen Palast auf den Klippen von Cala Major.

Ein Sonnenuntergang am Meer bei Sant Elm bleibt unvergesslich

Seite 65: Portals Vells – ein idyllischer Ort

★ Nicht verpassen!

- **2** Puerto Portals ➤ 70
- **4** Strände ➤ 72

Nach Lust und Laune!

- **1** Fundació Pilar i Joan Miró ➤ 74
- **3** Marineland ➤ 74
- **5** Nemo Submarine ➤ 74
- **6** Andratx ➤ 75
- **7** Port d'Andratx ➤ 75
- **8** Sant Elm ➤ 75
- **9** Sa Dragonera ➤ 76
- **10** La Granja ➤ 76

Nebenan, im Hafen von Puerto Portals, ankern die Yachten der Filmstars. Rennfahrer Michael Schumacher und das Model Claudia Schiffer sind nur zwei von vielen, die Luxusvillen im schicken Camp de Mar gekauft haben.

Abseits der Küste geht das Leben weiter wie gewohnt, in Marktstädten wie Andratx und verschlafenen Dörfern wie Puigpunyent, wo das größte Ereignis die Olivenernte und das vorherrschende Geräusch das Läuten der Schafsglocken in den Bergen ist. Sogar an der Küste kann man manchmal Ruhe finden. Ein wunderbarer Fahrrad- und Wanderweg, nachts beleuchtet, führt von Portals Nous nach Palma Nova, nicht weit entfernt vom Lärm von Magaluf.

Auf der zweitägigen Rundfahrt durchs westliche Mallorca erwarten Sie volle Strände, exklusive Resorts und die umwerfende Landschaft der Nordküste.

Mallorcas Westen in zwei Tagen

1. Tag

Vormittag

Von Palma aus geht es auf der Küstenstraße Richtung Westen, vorbei an der Sommerresidenz des Königs in Cala Major. Für Freunde surrealistischer Kunst lohnt sich ein Abstecher zur Fundació Pilar y Juan Miró (➤ 74), wo der katalanische Maler die letzten 27 Jahre seines Lebens verbrachte. Weiter geht es nach Portals Nous und zu einem Bummel durch Puerto Portals (Bild unten, ➤ 70), wo man vom Reichtum träumen und Berühmtheiten suchen kann. Als Alternative bietet sich für Familien Marineland mit seiner Delphinshow an (Bild rechts, ➤ 74).

Nachmittag

Zeit für einen Nachmittag am Strand – egal, an welchem (➤ 72). Familien wird Palma Nova mit dem schönen Sand und der guten Infrastruktur gefallen. Später gibt es dann einen Spaziergang nach Magaluf, wo man die schlimmsten Exzesse des Massentourismus in Augenschein nehmen kann. Ein ruhigerer Ausflug ist die Fahrt durch Pinienwälder nach Portals Vells.

Abend

Den Abend kann man in Kneipen und Diskos von Magaluf wie BCM Disco Empire (➤ 82) verbringen. Auch das gehört zu Mallorca, selbst wenn man sonst daran keinen Gefallen findet.

2. Tag

Vormittag

Es geht weiter nach Andratx (oben, ➤ 75) und dann auf einer kleinen Straße nach Sant Elm (➤ 75), von dessen Strand aus man einen guten Blick auf Dragonera (➤ 76) hat. Im Sommer kann man mit dem Boot zur Insel fahren. Anschließend gibt es in einem der Restaurants auf der Mole Mittagessen mit Blick auf Dragonera.

Nachmittag

Zurück nach Andratx und von dort aus Richtung Estellencs – eine spektakuläre Fahrt entlang der Küste. Die Straße windet sich entlang der Klippen und Pinienwälder, gelegentlich gibt es *miradors*, von denen aus man den Blick auf die Küste genießen kann. Sie kommen nach Banyalbufar, dessen Terrassen bis zum Meer reichen. Nach dem Ortsausgang geht es rechts ab nach La Granja (regelmäßige Volksmusikvorführungen, rechts, ➤ 76), wo man einen guten Einblick in das mallorquinische Landleben bekommt. Von hier aus führt eine enge, kurvenreiche Straße durch die Berge, vorbei an dem Ort Puigpunyent, dem Eingangstor zu La Reserva (➤ 168). Die Straße führt weiter nach Galilea – ein Bergdorf mit Blick auf das Meer – und dann abwärts in das Örtchen Calvía, zu dessen Gemeinde Puerto Portals, Palma Nova und Magaluf gehören.

Puerto Portals

Dieser luxuriöse Hafen dicht bei Portals Nous ist die Sommerhauptstadt von Mallorcas Jetset. Stars aller Art und Mitglieder der spanischen Königsfamilie haben hier ihre Yachten vor Anker liegen, an einer der besten Stellen der Bucht von Palma.

Puerto Portals ist das St. Tropez Mallorcas

Der 1986 ausgebaute Hafen zieht mit seiner beeindruckenden Infrastruktur die Schönen und Reichen aus aller Welt an und ist zum Austragungsort mehrerer bedeutender Segelregatten geworden. Geht man an der Mole entlang, kann man die unterschiedlichsten Flaggen sehen. Häufig liegen hier Boote zum Verkauf und immer ist irgendjemand damit beschäftigt, das Deck zu putzen oder Kupfer und Chrom zu polieren.

Die Promenade ist der Ort zum Sehen und Gesehenwerden. Schicke Restaurants, Cafés und Bars wie Tristán (► 80), einer der Orte, wo die königliche Familie frühstückt, und das Squadron Sports Café (► 80), ein Treffpunkt ambitionierter Segler, reihen sich am Ufer aneinander. Und was man an eleganter Kleidung sieht, wurde auch auf den Champs-Elysées in Paris gut wirken. Einige der Designer-Outfits stammen sicherlich aus den hochklassigen Geschäften am Ort. Kurzzeitig wird aus einem Restauranttisch ein mobiles Büro mit Zeitungen, Notebook, Tabellen und Telefon gemacht. Gut gepflegte Hunde stolzieren vorbei, und Spatzen sitzen auf Stuhllehnen und Sonnenschirmen, um ein paar Krümel zu ergattern. Hinter der Schlange der Lieferfahrzeuge, Autos und anderer Fahrzeuge funkeln die weißen Yachten in der Sonne. Der eckige weiße Turm mit den Antennen auf dem Ziegeldach ist der Kapitäns-

Eine warme Brise lockt Segler nach Mallorca

178 C1
Palma Nova Tourist Office, Passeig de la Mar, 13 ☎ 971 682365
20, 21, 22 von Palma nach Portals Nous

turm, Sitz der Hafenverwaltung und das Wahrzeichen von Puerto Portals.

Im Ort findet man auch eine Bank, ein Reisebüro, Auto- und Bootvermietung, Segelschule, Supermarkt, Zeitungskiosk, Diskothek sowie Makler und Schiffsmakler.

KLEINE PAUSE

Der beste Platz für einen Drink ist ein Tisch im Freien bei Wellies (➤ 81). Ein Kaffee mit Croissant und Orangensaft bringt den Kreislauf in Schwung.

PUERTO PORTALS: INSIDER-INFO

Top-Tipps: Der beste Strand für Sonnenanbeter liegt an der Ostseite der Einkaufszone. An diesem kleinen sandigen Strand findet man viele Einheimische und Bootsbesatzungen. Der Strand ist geschützt und auch an kühlen Tagen angenehm. Wenn man eine kurze Strecke schwimmt, kommt man zur kleinen Lila d'en Sales, auf deren Spitze ein Weg führt.

- Ein Spaziergang führt auf den Wellenbrechern entlang des Hafens und dann die Klippen hoch zum Ortszentrum von Portals Nous, wo man eine Vielzahl von Restaurants, Bars, Cafés und ein gutes Buchgeschäft findet.

Geheimtipp: Südlich des Taxistandes von Portals Nous befindet sich die Amerikanische Schule. Der Weg lohnt sich jedoch vor allem wegen der Terrasse der kleinen Kirche Nostra Senyora de Portals am Ende der Straße. Von hier aus hat man einen wunderbaren Blick auf Puerto Portals und die gesamte Bucht.

Strände

Direkt in Palmas Nachbarschaft befinden sich die Strände von Cala Major und Sant Agustí. Früher einmal separate Ferienorte, haben sie sich heute so weit ausgebreitet, dass sie schon fast Vororte von Palma sind.

Sant Agustí

An der Kreuzung mit der Ampel sollte man links in die Calanova-Segelschule mit dem kleinen Hafen abbiegen. Hier kann man relativ gut parken und dann zu Fuß weitergehen. Ungefähr hundert Meter weiter östlich, hinter La Trattoria, befindet sich ein Wegweiser zu »Huckleberrys'«. Eine große Palme spendet der Terrasse Schatten, kurze Wege führen zu Felsen, die zum Sonnenbaden oder Sprung ins Meer einladen. Inmitten einer geschäftigen Umgebung liegt hier eine Oase der Ruhe.

KLEINE PAUSE

Für den Preis einer Tasse Kaffee darf man auch Huckleberrys Pool benutzen; auch eine Mittagspause lohnt sich, denn das Essen ist gut und erschwinglich (➤ 79).

Ses Illetes

Sieben Kilometer von Palma entfernt befindet sich eine Halbinsel, vor der drei kleine Inseln liegen. Vom Hotel Bonanza, dessen Lobby einen umwerfenden Blick bietet, können Sie einen Bootsausflug unternehmen. Das Parken ist in Ses Illetes ein Problem, wenn man nicht gerade in einem der großen Hotels wohnt. Einen Kilometer weiter westlich auf der Straße zum hübschen Hotel Bendinat gibt es jedoch gute Parkmöglichkeiten. Die Felsen vor dem Hotel sind ein wunderbarer Platz für ein Sonnenbad oder zum Schnorcheln. Der Hauptstrand von Ses Illetes ist am Wochenende durch Besucher aus Palma überfüllt, einen Kilometer entfernt am Ende des Ortes befindet sich jedoch noch ein weiterer Strand.

Portals Nous/Puerto Portals (➤ 70)

Der breite Sandstrand von Palma Nova ist seit Jahren beliebt

Palma Nova

Palma Nova besitzt seichtes Wasser und einen langen, feinen Sandstrand mit einer sehr geschäftigen Promenade voller Läden, Restaurants und Bars. Der Ort ist sehr voll und beliebt bei Familien. Als Akti-

---

178 C1

regelmäßige Busverbindungen ab Palma zu fast allen Stränden. Portals Vells können Sie nur mit dem Auto erreichen.

vitäten im Freien bieten sich Wasserski und Paragliding an. Ein kurzer Spaziergang um die Landzunge führt an einem zweiten Strand vorbei nach Magaluf, nach wie vor der größte und rummeligste Ferienort in der Bucht von Palma. Die Strandqualität ist ausgezeichnet, von Windsurfen bis zu Bootsausflügen gibt es alles, aber das wilde Nachtleben ist nicht jedermanns Sache.

STRÄNDE: INSIDER-INFO

Top-Tipps: Größere Strände wie Palma Nova, Magaluf und Peguera haben **Erste-Hilfe-Stationen** und **Warnflaggen** bei gefährlichen Badebedingungen. Man sollte Kinder nicht in die Nähe der See lassen, wenn eine rote oder gelbe Warnflagge aufgezogen ist.
• Hinter Portals Vells liegt die Landzunge von Cala Figuera mit der **besten Sicht** auf die Bucht von Palma.

KLEINE PAUSE

Caesar's empfiehlt sich für Meeresfrüchte, das Grand Café Cappuccino ist ein beliebter Ort zum Kaffeetrinken. Die Terrasse wird im Winter durch Gasstrahler beheizt, so dass man auch dann draußen essen kann.
Das *menú del día* im Mesón Son Caliu (► 79) bietet ein gutes Preis-Leistungs-Verhältnis und lohnt den Besuch.

Portals Vells

Portals Vells, auf einer mit Pinien bewachsenen Halbinsel gelegen, besitzt mehrere verschwiegene Buchten – darunter auch den FKK-Strand Platja Mago – die inzwischen bei einem exklusiven Publikum beliebt geworden sind. Ein steiniger Pfad führt zu einem verlassenen Steinbruch (dessen Steine auch für den Bau der Kathedrale in Palma benutzt wurden) mit einer Höhlenkapelle, aus der allerdings die Statue der Jungfrau Maria inzwischen in eine Kirche in Portals Nous in Sicherheit gebracht wurde.

Santa Ponça

Ein großes weißes Kreuz kennzeichnet die Stelle, an der der christliche Eroberer Jaime I. 1229 Mallorca betrat. Deutsche Touristen entdeckten den langen Sandstrand mit seichtem Wasser, der daraufhin zu einem riesigen Ferienort ausgebaut wurde. Aber glücklicherweise gibt es immer noch einen schönen Pinienwald am Strand. Man kann mit einem Glasbodenboot zur nahe gelegenen Insel El Malgrat fahren oder mit dem Linienboot nach Sa Dragonera, Sant Elm und Port d'Andratx.

Schiffbrüchige Segler aus Genua bauten eine Höhle in Portals Vells zur Kapelle aus

Peguera

Eine wunderschöne Promenade verläuft hinter den großen Hotels an drei breiten Sandstränden entlang. Einen Kilometer weiter westlich befindet sich Cala Fornells, ein schmaler Strand, hinter dem sich Villen den Berg hinaufziehen.

Nach Lust und Laune!

Mirós einfache Formen regen die Phantasie an

1 Fundació Pilar i Joan Miró

Selbst diejenigen, die sich nichts aus moderner Kunst machen, sind fasziniert von Joan Miró, dem katalanischen Künstler, dessen Farben und surrealistischen Motive das Licht des Mittelmeerraums eingefangen zu haben scheinen. Geboren in Barcelona, verbrachte Miró die Ferien während seiner Jugend auf Mallorca und lebte dann hier von 1956 bis zu seinem Tod 1983. Sein Studio blieb wie zu seinen Lebzeiten – mit unvollendeten Gemälden und halbvollen Farbkanistern. Ungefähr 6000 seiner Werke – Gemälde, Skizzen, Stiche, Wandgemälde und Skulpturen – sind hier ausgestellt. Die Stiftung ist ein Kulturzentrum mit Ausstellungen, Konzerten und Seminaren und besitzt eine Kunstbibliothek und eine Cafeteria.

179 D2
Joan de Saridakis, 29; Cala Major
971 701420
Mitte Mai–Mitte Sept. Di–Sa 10–19 Uhr; Mitte Sept.–Mitte Mai Di–Sa 10–18, So 10–15 Uhr
4 von Palma
€€

3 Marineland

Mehrmals täglich zeigen freundliche Delphine und zahme Seelöwen ihre Kunststücke, andere Shows haben bunte, gewandte Papageien auf Fahrrädern als Stars, und das Publikum ist immer begeistert. Marineland an der Küste gegenüber dem Punta Negra Hotel zeigt verschiedene Aquarien, eine Kolonie von Kaiserpinguinen und Reptilien.

178 C1
Costa d'en Blanes
971 675125
April–Sept tägl. 9.30–19 Uhr; Okt.–Dez. und Feb.–März 9.30–18 Uhr; Jan. geschl.
€€€

5 Nemo Submarine

Wer ein Unterwasserabenteuer der sicheren Art sucht, sollte sich nach Magaluf aufmachen, wo Nemo, eine Art bequemer Unterwasserbus, bereits wartet. Das weiße U-Boot taucht langsam ab und bietet einen Blick aus der Fischperspektive – ein wirklich außergewöhnliches Erlebnis.

Am Pier steigt man in ein Motorboot, das die Passagiere zum U-Boot ca. einen Kilometer vor der Küste bringt. Das in Finnland konstruierte U-Boot fasst 46 Passagiere und zwei Besatzungsmitglieder. Die Passagiere sitzen auf weichen Ledersesseln vor 22 großen Bullaugen; Instrumente informieren über die Tiefe, Richtung, Geschwindigkeit und Wassertemperatur, und eine Karte illustriert die heimischen Fische. Man kann ausgezeichnet fotografieren, die Scheiben sind makellos, es gibt genügend Platz und die Sonne erleuchtet das Wasser. Auf dem Meeresboden sind alte Schiffswracks zu sehen, und ein Taucher zeigt Tintenfische und Seesterne. Im Souvenirladen gibt es Videos, Fotos, T-Shirts und andere Mitbringsel.

178 C1
Carrer Galeon, 2, Magaluf
971 130244; Fax 971 130229; e-mail: info@nemosub.com; www.nemosub.com
April–Okt. Di–Sa 9–20 Uhr
€€€

8 Sant Elm

Sant Elm, vierzig Kilometer von Palma entfernt, ist Mallorcas westlichster Punkt. Die kurvenreiche Straße von Andratx endet an einem schönen kleinen Strand. Die umliegenden Felsen bieten mit ihren Höhlen ein ideales Tauchrevier. Tauchausrüstung kann am Ort ausgeliehen werden, und organisierte Exkursionen in die Höhlenwelt stehen ebenso wie Windsurfen und Wasserski auf dem Programm. Segler werden begeistert sein von der steifen Brise, die auf dem Meer weht. Sant Elm ist auch Ausgangspunkt für Wanderungen zum Puig de Sa Trapa. Ein Waldbrand vernichtete 1994 leider achthundert

6 Andratx

Umgeben von Mandelhainen und Orangenplantagen liegt Andratx in den Hügeln der Tramuntana, ein typisch mallorquinischer Ort, der durch den Markt jeden Mittwoch zum Leben erweckt wird. Bereits die Römer hatten hier eine Siedlung, Andrachium, und als Jaime I. Mallorca eroberte, ließ er sich hier nieder. Die Sehenswürdigkeit des Ortes ist die Kirche Santa Maria aus dem 13. Jahrhundert, die im Mittelalter auch als Wachturm und Schutz vor Piraten diente. Ein Bummel durch die alten gepflasterten Straßen lohnt sich an jedem Wochentag, auch wenn es mittwochs etwas lebhafter zugeht.

178 B2

7 Port d'Andratx

Der alte Hafen ist zu einem geschäftigen Ferienort mit Apartments, Hotels, Ferienhäusern, Restaurants und erstklassigen Geschäften geworden, die sich immer weiter ins Landesinnere und die Berge entlang der Bucht ausbreiten. Ein guter Ort, um sich Proviant für ein Picknick zu besorgen, ist der deutsche Feinkostladen im Einkaufsgebiet an der Hafensüdseite. Und das Picknick genießt man dann an der Südspitze der Halbinsel beim Sonnenuntergang.

178 B2

Port Andratx ist ein typisches Beispiel für die vielen Hafenorte an Mallorcas Küste

Hektar inzwischen aufgeforsteten Waldes entlang des Wanderweges.

Das Restaurant Sant Elm (► 80) nahe der Anlegestelle eignet sich hervorragend, wenn Sie sich einfach nur zurücklehnen und die Aussicht genießen wollen.

178 A2

9 Sa Dragonera

Sa Dragonera erhebt sich wie ein gutmütiger, vier Kilometer langer Drache aus dem Meer vor Sant Elm. Seit 1995 steht dieser bei Naturfreunden beliebte Fels unter Naturschutz. Der Weg, der die Anlegestelle mit dem Leuchtturm am Südende der Insel verbindet, ähnelt einem langen Balkon, der oberhalb der Küste verläuft. Von Sant Elm verkehren mehrmals am Tag Fähren, die die zerklüftete Küste erkunden. Man kann Seeadler sehen, Kormorane und Möwen und manchmal sogar einen der seltenen Eleonorenfalken.

178 A2
971 180632 (Park); 971 757061 (Bootstouren März–Okt.)
tägl. 10–15 Uhr
frei (Park); €€€ (Bootstouren)

Die Felseninsel Dragonera war der Zufluchtsort des Piraten Rotbart

10 La Granja

Auch wenn das Gedränge groß sein sollte, macht es Spaß, diesen alten Bauernhof in schöner Umgebung zu besichtigen. Bereits in der Römerzeit wurde sein Quellwasser genutzt, und

Volkstanzvorführungen in La Granja

noch heute wird es ins Nachbardorf Esporles geleitet. Die Fontäne am Ende des Gartens steigt wie ein Geysir neun Meter hoch, direkt aus einer unterirdischen Quelle. Bereits zu maurischer Zeit gab es hier einen Bauernhof, später ein Zisterzienserkloster, und heute ist La Granja wieder ein Bauernhof. Einem zahlenden Publikum werden Ausstellungstücke von Folterwerkzeugen der Inquisition bis zu einem Barockschlafzimmer mit Badezimmer gezeigt. Daneben gibt es einen Wald mit Rotwild, und während Sie altes Handwerk bestaunen, können Sie sich an Wein, Säften und traditionellem mallorquinischen Essen wie Spinatpizza oder Feigenkuchen laben. Dazu spielen Musikanten in mittelalterlichen Kostümen auf Dudelsäcken aus Ziegenhäuten. Im Schatten einer tausendjährigen Eibe können Sie Volkstänzen zusehen, ein Teich mit Enten und Schafe auf einer Weide bilden die Kulisse.

178 C3
Carretera Esporles-Puigpunyent, km 2, Esporles
971 610032; Fax 971 619305; e-mail: info@lagranja@net; www.lagranja.net
April–Sept. tägl. 10–19 Uhr; Okt.–März 10–18 Uhr, Handwerkervorführungen Mi und Fr 15.30–17 Uhr
€€€

Wohin zum … Übernachten?

Preise: Die Preise beziehen sich auf das günstigste Doppelzimmer während der Hochsaison, Mehrwertsteuer inbegriffen. In der Nebensaison können die Preise bis zu 50 Prozent niedriger liegen. Das Frühstück ist gewöhnlich inbegriffen.
€ unter 60 € **€€** unter 120 € **€€€** über 120 €

Das Gebiet westlich von Palma wird am stärksten von Touristen besucht und kann hinsichtlich Unterkunft und Service alles Erdenkliche bieten. Die Hotelpreise sind angemessen, und viele Hotels haben das ganze Jahr geöffnet.

Bendinat Golf €€€

Das luxuriöse Hotel liegt mitten im gleichnamigen Golfplatz und bietet sowohl Golfern Unterkunft als auch dem Jetset; die Angestellten tragen Polohemden, und Frühstück wird bis 13 Uhr serviert. Die 101 freundlichen Zimmer und Suiten befinden sich in drei flachen Gebäuden mit Holzbalkonen. Die Lobby erinnert mit ihrem Dekor an ein Safarihotel in Kenia. Das Fitness-Center besitzt Innen- und Außenpool, Whirlpool, Sauna, ein türkisches Dampfbad, Kneippbäder, Solarium und Massageräume.

178 D2 ✉ Avinguda Bendinat, 58, Portals Nous
☎ 971 675725; Fax 971 677276;
e-mail: info@hotelbendinat.es;
www.hotelbendinat.es

Hostal La Mimosa €

Das La Mimosa ist eine ansprechend renovierte Villa, die in Gehweite zu drei Stränden und der Segelschule von Calanova liegt, dabei aber nur eine zehnminütige Autofahrt vom Stadtzentrum und fünf Minuten vom Bendinat Golfplatz entfernt ist. Alle 18 Zimmer haben Bäder. Bei der Reservierung sollte man nach einem Zimmer mit Seeblick fragen oder nach einem Terrassenzimmer am Swimmingpool. Es gibt einen Fernsehraum, Tischtennis und Darts und abends manchmal Musik und Barbecue an der Poolbar. An der Bar befindet sich auch ein Computer, wo man e-mails empfangen kann.

179 D2
✉ Carrer Suecia, 5, Sant Agustí
☎ 971 400101; Fax 971 707584;
www.mallorca2000.com/lamimosa

Punta Negra €€€

Das Punta Negra ist ein angenehmes altes Hotel, ein Ort der Ruhe inmitten des Trubels. Es liegt in der Mitte zwischen Puerto Portals und Palmanova und ist von beiden Orten jeweils nur zwanzig Gehminuten entfernt. Dank seiner Lage auf einer Halbinsel bieten die meisten Hotelzimmer Blick aufs Meer durch einen Pinienhain, in dem viele Vögel leben. Die Geräusche, die man abends hört, stammen von den Seelöwen in Marineland. Hinter dem Pool führt ein Weg hinab zu zwei kleinen Sandstränden. Die felsige Küste bietet gute Möglichkeiten zum Schnorcheln. In der Lobby befindet sich ein großer Kamin, dessen Feuer aus Olivenholz im Winter wohl tuende Wärme verbreitet.

178 D1
✉ Carretera Andratx, km 12, Costa d'en Blanes
☎ 971 680762; Fax 971 683919;
e-mail: hpuntanegra@terre.es;
www.hotelpuntanegra.com

Son Caliu Hotel €€€

Dieses Best-Western-Hotel bezeichnet sich selbst als Mallorcas freundlichstes Hotel, und das ist es wirklich. Die Angestellten kümmern sich liebevoll um die Gäste, sind aber nicht aufdringlich. Das Hotel liegt in einer kleinen Bucht mit einem einsamen Strand und subtropischen Garten, hat 230 Zimmer, einen Außenpool und ein chlorfreies Hallenbad (Okt.–Mai), einen Tennisplatz, eine Schönheitsfarm und jeden Abend ein Unterhaltungsprogramm. Kinder bekommen 50 Prozent Rabatt.

178 C1
Urbanizacio Son Caliu, Palma Nova
971 682300; Fax 971 683720;
e-mail: soncaliu@soncaliu.com;
www.soncaliu.com

Son Malero €€

Das renovierte Anwesen aus dem Jahre 1430 liegt in einem Tal mit Mandel- und Johannisbrotbäumen zwischen der Tramuntana und den Hügeln von Na Burgesa, ungefähr einen Kilometer südlich von Calvià. Ein guter Ort, wenn man gerne malt, fotografiert, wandert, Rad fährt, reitet, Golf spielt oder nur die Einsamkeit genießen will. Das kleine *agroturismo*-Hotel umfasst vier Zimmer, ein Studio und ein Apartment.

178 C2 Camino Son Malero, Calvià
971 670301; Fax 971 138018;
e-mail: agroturismo@mallorcanet.com;
www.agroturismo-balear.com

Villamil €€€

Das Hotel Hesperia Villamil liegt direkt im Zentrum von Peguera, aber man kommt sich vor wie in einem Traum. Auf der Vorderseite befinden sich die Geschäfte und Restaurants der Promenade (nach 12 Uhr ist kein Verkehr mehr erlaubt), auf der Rückseite liegen sonnige Terrassen und schattige Gärten, die sich am Pool und den Tennisplätzen vorbei zu einem weißen Sandstrand ziehen. Die Atmosphäre ist elegant und gepflegt. Auf der Terrasse wird im Sommer draußen gegessen. Die meisten der 125 Zimmer haben Balkon und Meerblick.

178 B1
Bulevar de Peguera, 66, Peguera
971 686050; Fax 971 686815;
e-mail: reservas@hesperia-villamil.com;
www.hesperia-villamil.com

Wohin zum ...
Essen und Trinken?

Preise: Das **€** zeigt an, was man für ein durchschnittliches Essen pro Person inklusive Getränke, Steuern und Service ausgeben muss.
€ unter 15 € **€€** unter 30 € **€€€** über 30 €

Bar del Titanic €

Ein großartiger Ort, um für einige Stunden den Anker zu werfen und sich an der Spezialität des Hauses, den Tapas, zu ergötzen. Ob man drinnen oder draußen isst, man sollte die gemischte Tapas-Platte mit Tortilla, marinierten Heringen, Hackbällchen, Würstchen und Kartoffelsalat bestellen.

Zum Wandschmuck gehören eine faszinierende Sammlung Postkarten, die von der *Titanic* abgeschickt wurden, zwei Modelle des Schiffes, die Speisekarte des Schicksalstages (12. April 1912), die Titelseite der *New York Times* und andere Dinge.

178 C1
Puerto Portals
971 677345
ab 10 Uhr

Cappuccino Grand Café €

Heiß, schwarz und süß – so mögen die meisten Spanier ihren Kaffee in der Regel am liebsten. Im Cappuccino Café in Palmanova geht es recht locker zu, auch wenn die Kellner ganz professionell in weißen Hemden, schwarzen Westen, langen weißen Wickelschürzen und mit kleinen Tabletts auftreten.

Die Flaschen hinter der Bar funkeln im Licht, eine Sammlung edler

Porzellantassen schmückt eine Wand. Sonntagabends gegen 18 Uhr trifft sich hier die Jugend zum Scrabble spielen, dann wird es lebhaft. Sie können Zeitung lesen und Wasserskiläufer beobachten, die - Terrasse ist beheizt.

178 C1
Paseig del Mar, 18, Palma Nova
971 681368
tägl. 8.30–1 Uhr

Ca Na Cuco €€

Wenn es um traditionelle balearische Küche geht, kann es das Ca Na Cuco fast mit dem Can Amer in Inca aufnehmen. Die Karte wechselt je nach Jahreszeit und Marktangebot. Der dünne, geschmackvolle wilde Spargel im Frühling ist wunderbar. Weder mit der Fischsuppe noch mit den Auberginen, gefüllt mit Garnelen, Muscheln, Fisch und Tintenfisch, kann man etwas falsch machen. Als Dessert empfiehlt sich die mit Schokoladensoße und gehackten Mandeln. Beim Blick von der Terrasse sieht man das beeindruckende Rathaus von Calvià.

178 C2
Avinguda de Palma, 14, Calvià
971670083
tägl. 12.30–15.30, 19–23 Uhr

Club Nautico €€

Diese Cafeteria mit Bar und Restaurant liegt direkt im Santa Ponça Yacht Club, aber man muss kein Mitglied sein, um hier zu essen. Das *menú del día* (€) beeinhaltet häufig Kartoffelsuppe, Schweinelende und Pfannkuchen. Man kann drinnen essen, aber die Tische draußen mit Blick über die ankernden Yachten sind beliebter. In unmittelbarer Nähe befindet sich der Liberian Motorboot & Yacht Club Inc., wo man sich für eineinhalb Tage zum Jetski anmelden kann. Oder Sie besuchen den Park mit dem Denkmal für den christlichen Eroberer Jaime I.

178 C1
Via de la Cruz, 46, Santa Ponça
971690103
Do–Di 12–15, 19–23 Uhr

Huckleberry's Beach Club €

Das bescheidene Restaurant mit einer großen Terrasse unter einer Palme ist weit genug von der Straße entfernt, so dass man den Verkehr nicht hört.

Für den Preis eines Sandwiches und eines Bieres darf man den Pool benutzen und hat von hier aus Zugang zum Meer.

179 D2
Carrer Joan Miró, 305, Sant Agusti
971 702993
tägl. 10–24 Uhr (im Sommer)

La Hacienda €€

Dieses mexikanische Restaurant am Ortseingang von Peguera bietet eine nette Abwechslung zum typisch mallorquinischen Essen. Eine Empfehlung ist der »La Hacienda Grande« mit Rindfleisch-Taco, Hühnchen-Tortilla und Käse-Enchilada mit Reis, Bohnen, Salat, Avocadomousse und Sour Cream. Die Spare Ribs mit zweierlei Soßen sind auch beliebt. Als Getränk natürlich einen Margarita, die Spezialität des Hauses.

Durch den Dekor aus Sombreros und Wagenrädern fühlt man sich fast wie in Mexiko.

178 C2
Pau Casals, 1, Peguera
971 685473
Mo–Sa 17–24, So 13–24 Uhr

Mesón Son Caliu €–€€

Hier gibt es eines der lohnendsten Mittagsmenüs der Insel. Das Essen ist berühmt, der Service zuvorkommend und schnell. Ein typisches Mittagsmenü besteht aus Reissuppe mit Fisch, Hähnchen mit Pinienkernen und Flan oder Eiskrem zum Dessert. Warmes, selbst gebackenes Brot, grüne Oliven und der Tischwein sind im günstigen Angebot enthalten. Zu den Spezialitäten gehören Schnecken und gegrilltes Spanferkel, Zicklein und Fisch. Die Einrichtung ist rustikal; im Sommer kann man draußen im Hof essen, im Winter brennt drinnen ein Feuer im Kamin.

178 C1
Carretera de Andratx, km 12, Son Caliu
971 680086
Di–So 13–16, 19–24 Uhr

El Pescador €€

Der beste Ort, um Fisch und Meeresfrüchte zu essen, liegt direkt oberhalb der Anlegestelle für die Schiffe nach Sa Dragonera. Bettelnde Katzen sind der beste Beweis dafür, dass der Fisch frisch ist. Der Besitzer des Restaurants bringt selbst den Tagesfang ganz frisch an Land und ist auch bereit, selbst gefangene Fische der Gäste zuzubereiten.

178 A2
Jaime I, 1, Sant Elm
971 239167
Di–So, mittags und abends

Restaurant Sporting Tenis €

Direkt neben Marineland wird traditionelle mallorquinische Küche drinnen oder draußen auf der Terrasse mit wunderbarem Blick vom Kapitänsturm in Puerto Portals bis zur Südspitze der Halbinsel Calvià serviert. Das *menú del día* (€) könnte aus einer Nudelpaella, Sahnehähnchen und Eiskrem bestehen. Auf der Karte stehen Spezialitäten wie gegrillter Fisch oder Spanferkel.

Nach einem üppigen Mahl kann man die Kinder zur Wasserrutsche schicken und auf einer gemieteten Sonnenliege Siesta halten. Sieben Tennisplätze (nachts beleuchtet) laden zum Spiel ein, und es gibt auch einen Pool.

178 C1
Carretera de Andratx, km 10, Costa d'en Blanes
971 676456
Di–So 10–24 Uhr

Rincón del Mar €

Hier kann man das Mittagessen mit einem Tag am Strand verbinden. Platja Son Caliu ist einer der schönsten und gut zugänglichen kleinen Strände in der Umgebung. Man sitzt in der Sonne oder unter der blau-weiß-gestreiften Markise.

Als Vorspeise lohnen sich die selbst gemachten Spinatkroketten und als Hauptgericht bieten sich Lammschulter, gegrillter Schwertfisch oder Hähnchen- und Garnelencurry Hawaii an. Man sollte noch etwas Platz lassen für die Dessertspezialitäten: Besonders beliebt ist die Zitroneneiskrem, die in einer echten Zitrone serviert wird. Das Rincón del Mar gewinnt sicherlich keine kulinarischen Sterne, aber wenn der warme Wind durch die Palmen streicht, möchte man nirgendwo anders sein.

178 C1
Platja Son Caliu (östlich des Best-Western-Hotels)
971 681862
tägl. mittags und abends

Squadron Sports Café €€

Segler und andere Sportler bevölkern dieses Café an der Promenade. Auf der Karte stehen Hamburger, Salate und Garnelen in Knoblauch, dazu das berühmte Frühstück.

Das Café dient als Stützpunkt für mehrere Sportereignisse im Jahr und bietet daneben alle größeren Sportereignisse wie Fußball, Tennis oder Motorboot- und Autorennen auf einer großen Leinwand. In einer Ecke steht ein Computer, auf dem man als Gast sogar e-mails abrufen kann.

178 B2
Puerto Portals
971 677577
tägl. 8–22 Uhr

Tristán €€€

Das Tristán ist dank des innovativen Küchenchefs Gerhard Schwaiger das Spitzenrestaurant für mediterrane Küche. Auf der Karte stehen Gerichte wie Krebsgazpacho oder Tintenfisch mit warmer Kartoffelvinaigrette. Auch die Polenta mit schwarzen Trüffeln und Gruyère oder die Ravioli mit Käse und Fleischbrühe sind ein Genuss. Zu den beliebtesten Desserts gehören Crêpes mit Ananasmousse und Zitroneneis.

Die Atmosphäre ist elegant, der Service tadellos.

178 C1
Puerto Portals
971 675547
Di–So 20–24 Uhr

Wellies €€

Seit 14 Jahren kümmert sich der liebenswerte Geoffrey Kenion um das Wohl seiner Gäste. Die Umgebung des Restaurants ist spektakulär, und das Essen ist gut. Die Salate sind ganz frisch (nur das Dressing vom Cesar's Salad lässt zu wünschen übrig), der frittierte Camembert ein Genuss, ebenso wie der frittierte Fisch mit Sauce Tartar. Wenn man großen Hunger hat, sollte man sich für die gebratene Ente oder die Spare Ribs entscheiden. Im oberen Stock lassen sich manchmal Persönlichkeiten des Jetset blicken.

178 C1
Puerto Portals
971 683898; Fax 971 681569
tägl. 9–24 Uhr

Wohin zum … Einkaufen?

Wie der übrige Teil Mallorcas, so besitzt auch der Westen zahllose Kunsthandwerker, die mit Holz, Glas, Ton, Leder oder anderen Materialien arbeiten. In größeren Orten wie Sant Agustí, Calvià und Port d'Andratx können Sie attraktive handgearbeitete Souvenirs erwerben.

Mercadona

Mercadona am östlichen Stadtrand von Palma Nova ist ein großes, angenehmes Einkaufszentrum. In einem gigantischen Supermarkt bekommt man alles von Sangría bis zu Socken, es gibt aber auch einen eleganten Juwelier und ein Café mit bequemen Rattanmöbeln auf der Terrasse. Ein Zeitungskiosk verkauft internationale Zeitschriften, Schreibwaren und Ähnliches. Bei **Stadium Sport** erhält man alles für den Sport drinnen oder draußen; im **Around the World** gibt es alles von Designerkerzen bis zu italienischer Seide und indischer Baumwolle. **Fabri's** ist spezialisiert auf Schuhe, bietet aber auch andere Lederartikel; **Kanguroo** führt eine große Auswahl an Kleidung und Accessoires für Kinder. Es gibt ein Möbelgeschäft, ein Computergeschäft, ein Arztzentrum mit Augenarzt, Zahnarzt und Tierarzt. **Mercadona** besitzt jede Menge Parkplätze (einige im Schatten) und befindet sich gegenüber von **Mesón Caliu** (➤ 79) mit dem ohne Zweifel günstigsten Mittagsmenü Mallorcas.

Puerto Portals

Das schöne Puerto Portals (➤ 70) ist eigentlich ein Einkaufszentrum am Meer. Die meisten Geschäfte haben sich auf hochwertige Waren mit saftigen Preisen spezialisiert. Das schwedische **Blue Marin** führt lässige Baumwollmoden von Bikinis und Hosen bis zu gestreiften Hemden und Rucksäcken. Bei **Top As** gibt es Schuhe und Accessoires von Mario Cerutti, Alberto Gozzi und Osualdo Martini. Im **Fashion House** findet man Brooksfield, Moschino, Missoni und Versace. **Le Pirat** mit Geschäften in Port d'Andratx, Peguera und Cala d'Or führt schicke Freizeitmode. Sie können Uhren von Rolex, Bulgari oder Chopard bei Relojería Alemana kaufen oder bei Ports mit Filialen in Port de Pollença und Peguera finden Sie die neueste Mode für Bootseigner. Und natürlich gibt es auch Agenturen, die mehr als bereit sind, eines der großen, glänzenden Boote im Hafen Són an solvente Kunden zu verkaufen. Sollten Sie die Preise schockieren: Anfang April findet der **Nautical Street Market** statt, wo man von Navigationsinstrumenten über Köder für Angler bis zu Designerkleidung alles zu wesentlich günstigeren Preisen bekommt – die Erlöse gehen an die Seerettung des Roten Kreuzes.

Wohin zum ... Ausgehen?

Die meisten größeren Hotels bieten abends Unterhaltung an, manche arrangieren auch den Transport für abendliche Unternehmungen. Es lohnt sich, an der Hotelrezeption nachzufragen.

Nachtleben

Wer sich so richtig ins Nachtleben stürzen will, ist in Magaluf am richtigen Ort, neben Palma ist hier am meisten los. Das Luna (Punta Ballena, 12; neben dem alten Atlantic Hotel) spielt alles von Reggae bis zu dröhnender Rockmusik, BCM Disco Empire (Avinguda S'Olivera, 13) ist die größte Disko der Insel. Im Casino Mallorca (Tel. 971 130000; Fax 971 131465; www.casinodemallorca.com) westlich von Magaluf kann man sein Glück an einarmigen Banditen oder beim Roulette und Blackjack versuchen. Es ist das einzige Spielkasino auf Mallorca. Und wer nicht spielt, kann sich bei einer Kunstaustellung, Musik in der Gato Negro Bar oder der Dinnershow im Casino Paladium vergnügen; wenn man nur einen Drink nimmt und auf das Essen verzichtet, ist der Eintritt für die Show billiger. Geöffnet Mo–Sa 20–4 Uhr, So 15–4 Uhr.

Aktivitäten im Freien

Das milde Klima und die spektakuläre Kulisse laden zu Unternehmungen im Freien ein – zum Wassersport an den vielen Stränden und Buchten und zum Wandern, Rad fahren oder Reiten auf den vielen Wegen über die Insel.

Golf: Auf Mallorca gibt es 18 Golfplätze, alle in einer phantastischen Umgebung und mit allen Annehmlichkeiten ausgerüstet. Der 18-Loch-Platz Bendinat (Tel. 971 405200, Par 70) in Costa d'en Blanes liegt in einem engen Tal zwischen Pinien, Eichen und Mandelbäumen und ist trotz der Kürze eine Herausforderung Der 18-Loch-Platz Poniente (Tel. 971 130148) westlich von Magaluf besitzt Par 72 und bietet Ein- bis Fünftagekurse für Anfänger und Fortgeschrittene. Der Platz von Santa Ponça (Tel. 971 690211) war bereits mehrfach Austragungsort der Balearic Open und hat mit seinen schwierigen 18 Loch Par 72. Longhittern wird das 10. Loch (590 m, Par 5) gefallen, eines der längsten in Europa. Son Vida (Tel. 971 791210) mit ebenfalls 18 Loch und Par 72 ist ein kurzer Platz mit vielen Bäumen entlang der Fairways und vier Teichen. Der Son Vida Golf Club war einer der Ersten auf Mallorca und setzte in den Sechzigerjahren Maßstäbe; Golfer lieben ihn noch heute.

Minigolf: Wenn Sie nicht golfen, sollten Sie Fantasia (Tel. 971 135040) in Palma Nova besuchen. Sie können zwischen drei Plätzen wählen, die in einem tropischen Garten liegen.

Segeln: Wenn Sie die See vorziehen, bietet sich die Calanova-Segelschule (Tel. 971 402512) mit ihrer Vielzahl von Möglichkeiten an. Im Sommer finden Wettkämpfe statt. Auch für Taucher ist gesorgt: Information über Tauchkurse und -ausflüge gibt es an der Hotelrezeption und bei der Touristeninformation.

Aquapark: Das ist die Lösung, wenn sich die Kinder am Strand langweilen. Der Aquapark (Tel. 971 130811) an der Carretera Cala Figuera bei Magaluf bietet Wasserrutschen jeder Art, einen Abenteuerfluss und Swimmingpool. Die Eltern können sich in einer Oase erholen und ihren Kindern zuhören, die mit viel Geschrei die Rutschen hinabfegen. Für die ganz Kleinen gibt es einen Mini Aquapark. Sollten die Kinder hinterher noch nicht müde sein, bietet sich die Gokart-Bahn an.

Tramuntana

Erste Orientierung

Die neoklassizistische Kirche La Cartoixa aus dem 18. Jahrhundert

Das zerklüftete Tramuntana-Gebirge, das man von überall auf Mallorca sieht, ist eine Wildnis mit friedlichen Gipfeln und Tälern – es sei denn, der heftige Winterwind bläst aus Norden oder die Touristenbusse drängeln sich in Valldemossa oder vor dem Kloster von Lluc.

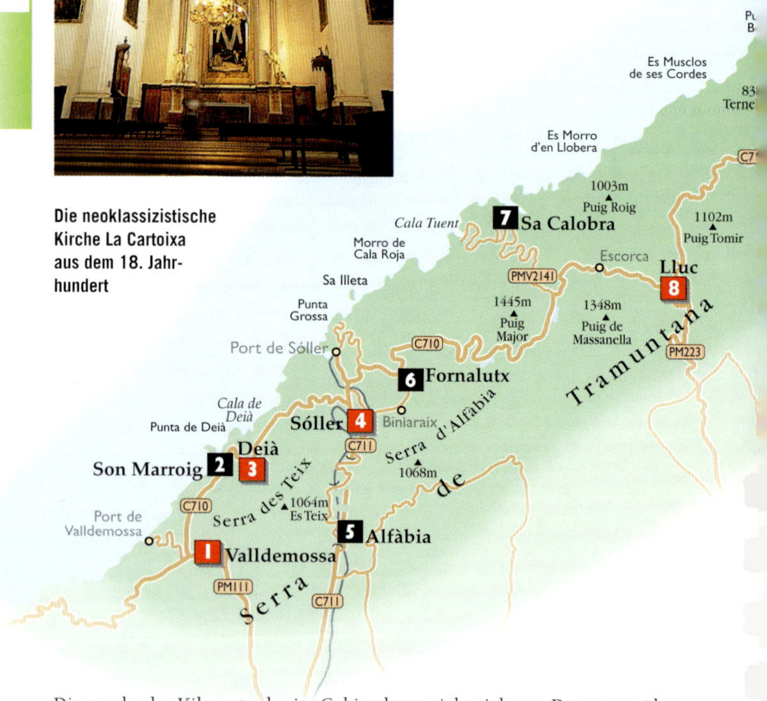

Die rund zehn Kilometer breite Gebirgskette zieht sich von Dragonera über neunzig Kilometer in nordöstlicher Richtung bis Cap Formentor. An manchen Stellen reichen die steilen, kahlen Klippen und die Wälder aus Aleppo-Pinien und Eichen direkt bis ans Meer. Die höchsten Gipfel ragen über tausend Meter hoch in den Himmel. Der Puig Major ist 1445 Meter hoch, die Fernmeldegebäude auf der Spitze erinnern an riesige Golfbälle.

★ Nicht verpassen!

Nach Lust und Laune!

Seite 83: Die Straße Nus de la Corbeta zieht sich von der Sierra Tamuntana zur Nordküste

Der beliebte Hafen von Sóller erhält in naher Zukunft eine attraktive Promenade

Die wunderschöne Fahrt durch die Sierra Tramuntana schließt Strände, eine Bootsfahrt und ein Chorkonzert im Kloster von Lluc ein.

Tramuntana in zwei Tagen

1. Tag

Vormittag

Brechen Sie frühzeitig von Valldemossa (➤ 88) auf, damit Zeit für einen Rundgang in La Cartoixa und für ein Klavierkonzert von Chopin im Palacio del Rey Sancho bleibt. Nach einem Kaffee in der Bar Meriendas (➤ 105), fahren Sie nach Deià (➤ 91), wo Sie die steilen Dorfstraßen hochsteigen, um das einfache Grabmal von Robert Graves auf dem Friedhof am Gipfel zu besuchen. Die Straße führt weiter durch das Dörfchen Lluc-Alcari mit wunderbarer Aussicht auf die Küste, dann geht es hinunter in das Tal von Sóller (➤ 93). In Sóller sollten Sie zum Mittagessen Tapas in einer Bar an der Plaça Constituciò genießen und einen frisch gepressten Orangensaft aus den Apfelsinen, die im Tal angebaut werden.

Nachmittag

Mit dem Orangen-Express, der Straßenbahn, geht es nach Port de Sóller für einen Nachmittag am Strand. Wenn sie rechtzeitig da sind (15 Uhr im Sommer, Bild unten), können Sie das letzte Boot nach Sa Calobra (➤ 103) nehmen und leichter zu diesem Ort gelangen als mit dem Auto.

Abend

Sóller (Hauptplatz Bild links) und Port de Sóller haben ein völlig anderes Gesicht, wenn die Tagestouristen es verlassen haben. Gönnen Sie sich in einem der Fischrestaurants am Hafen ein gutes Essen und machen Sie dann einen Verdauungsspaziergang entlang der Bucht.

2.Tag

Vormittag

Die höchsten Gipfel der Sierra Tramuntana liegen zwischen Sóller und Lluc. Die Straße windet sich durch Tunnel, Schluchten und über Bergpässe und erfordert Konzentration. Am Mirador Ses Barques (➤ 105) können Sie eine Pause einlegen und den Blick über Port de Sóller genießen, dann geht es weiter nach Lluc (Madonna Bild rechts, ➤ 96), vorbei an zwei Wasserreservoirs im Schatten des Puig Major, Mallorcas höchstem Berg. Wenn Sie bis 11 Uhr ankommen, können Sie noch das Konzert des Chors Els Blavets hören und dann auf dem Rosenkranzweg die Aussicht über die Berge genießen. Mittagessen gibt es im alten Mönchsrefektorium Sa Fonda (➤ 106).

Nachmittag

Die Fahrt über die Berge endet auf der Halbinsel Formentor (➤ 99), es bleibt noch Zeit für ein oder zwei Stunden am Strand (oben), ehe man zum Sonnenuntergang zum Leuchtturm fährt.

Valldemossa

Das Tal gehört zu den schönsten Ecken der Insel, ist aber – auch wegen der Nähe zu Palma (17 km) – inzwischen so beliebt, dass Scharen von Touristen kommen. Von Palma aus, sehen Sie auf der Fahrt durch einen engen Pass die grünen Ziegel des Glockenturms von La Cartoixa und die dicht gedrängten erdfarbenen Häuser mit gepflegten Terrassengärten. Mit 437 Metern ist Valldemossa die am höchsten gelegene Ortschaft Mallorcas.

Santa Catalina wurde 1627 heilig gesprochen und wird heute noch in Valldemossa verehrt

Gegenüber: In manchen Wintern bedeckt Schnee Valldemossa

Ganz in der Nähe von Valldemossa, in Miramar, gründete Ramón Llull vor siebenhundert Jahren eine Schule für Fremdsprachen; er wäre sicherlich begeistert, wenn er all die Sprachen hören könnte, die Touristen heute hier sprechen. In Miramar steht auch eine Statue von Llull, die Erzherzog Ludwig Salvator aufstellen ließ.

Sehenswürdigkeiten

• **Santa Catalina Thomás**, die einzige Heilige Mallorcas, wurde 1531 in Valldemossa geboren. Das Bauernmädchen wurde Nonne und verbrachte die meisten ihrer 43 Lebensjahre im Kloster Santa Magdalena in Palma. Es heißt, sie habe ihre Suppe mit Sand vermischt, um die Sünde der Völlerei zu vermeiden. Die meisten Häuser in Valldemossa besitzen neben der Haustür eine bunte Kachel mit ihrem Bild und der Bitte um ihren Segen. Solche Kacheln kann man auch in allen Souvenirgeschäften kaufen. Nördlich der Kirche Sant Bartomeu, nur fünf Minuten vom Stadtzentrum entfernt, befindet sich ihr bescheidenes Geburtshaus (Carrer Rectoria 5), das heute eine Gedenkstätte ist. Eine Statue der Heiligen steht neben einem moosbedeckten Brunnen vor der Kirche.

• George Sand war keine Heilige, aber sie machte den Ort berühmt und sorgte dafür, dass **La Cartoixa** nach Palmas Kathedrale der am meisten besuchte Ort Mallorcas wurde. Ihr Buch *Ein Winter in Mallorca* schildert die Monate, die sie während des Winters 1838/39 hier mit dem Komponisten Frédéric Chopin verbrachte. Zusammen mit Sands beiden Kindern lebten sie in einer Wohnung im Karthäuserkloster, kurz nachdem die ehemaligen Mönchszellen zu Gästeunterkünften umgebaut worden

La Cartoixa
179 D3 Plaça Cartoixa
971 612106 März–Okt. Mo–Sa 9.30–18 Uhr; Nov–Feb. Mo–Sa 9.30–16.30 Uhr €€

Costa Nord
179 D3 Avinguda Palma, 6
971 612425; www.costanord.com
Sommer Di–So 10–20 Uhr; Winter 10–18 Uhr €€

waren. In dieser Wohnung befinden sich heute Porträts, Manuskripte und Musikpartituren des ungleichen Paars.

• Ebenfalls im Kloster befindet sich das **Museo Municipal**, das Bücher und Gemälde aus dem Besitz des Erzherzogs Ludwig Salvator zeigt. Dazu gehört auch das Manuskript seiner neunbändigen Enzyklopädie *Die Balearen*, einer noch immer viel gelesenen Abhandlung über Mallorca. In einem anderen Raum befindet sich eine alte Druckerpresse, die Nicolau Calafat hier im 15. Jahrhundert, nur drei Jahre nach Gutenberg, benutzte. Calafat stellte die ersten beiden Druckerzeugnisse der Balearen her, zwei religiöse Bücher, das zweite sogar zweifarbig. In La Cartoixa befindet sich auch eine neoklassizistische Kirche mit Fresken von Fray Manuel Bayeu, einem Schwager des berühmten spanischen Künstlers Francisco Goya. Im ersten Stock präsentiert eine Ausstellung moderne Kunst.

Chopin komponierte mehrere Nocturnes und Préludes auf Mallorca

• Die **Apotheke der Mönche** aus dem 17. Jahrhundert, die bis ins letzte Jahrhundert als Dorfapotheke diente, enthält bemalte Holzkisten, weiße Keramikbehälter mit blauen Verzierungen und antike Glasflaschen, in manchen befinden sich noch Arzneien aus alten Tagen.

• Direkt neben dem Kloster steht der **Palacio del Rey Sancho**, 1311 als Jagdhaus erbaut, aber im 16. Jahrhundert umgebaut. Das Palast ist verschwenderisch mit Antiquitäten ausgestattet, mit Kunstwerken und Kirchenschätzen, und im Innenhof wuchert Rosmarin. In einer kleinen Konzerthalle finden Klavierkonzerte mit Stücken von Chopin statt. Der Palast kann mit der Eintrittskarte für La Cartoixa besichtigt werden.

• Der amerikanische Schauspieler Michael Douglas hat eine der Besitzungen des Erzherzogs in der Nähe von Valldemossa gekauft und nutzt sein Vermögen und seinen Einfluss, um die Kultur und die Landschaft der Sierra Tramuntana zu fördern. Sein neues **Kulturzentrum Costa Nord** wurde gerade eröffnet.

KLEINE PAUSE

Die Bar Meriendas (➤ 105), die außen mit Orangennetzen geschmückt ist, ist ein beliebter Ort für eine Erfrischung. Empfehlenswert sind die mit Puderzucker bestreuten *cocas de patatas* (Kartoffelbrötchen), eine einheimische Spezialität, dazu gehört eine dicke, heiße Schokolade. Auch der Kaffee ist gut.

VALLDEMOSSA: INSIDER-INFO

Top-Tipps: Die meisten Besucher kommen mit Touristenbussen während des Tages, abends ist Valldemossa ein ganz anderer Ort. Can Mario, dicht bei La Cartoixa, bietet gute mallorquinische Küche und einige einfache Gästezimmer (➤ 106).

• Die Preise der Souvenirgeschäfte im Ort sind oft günstiger als die der Läden, die sich direkt am Fußgängerweg vom Parkplatz zur Kartause befinden.

Deià

Deià, das wunderschöne Dorf mit honiggelben Steinhäusern im Schatten des Berges Teix, ist zu einem Magneten für reiche Ausländer geworden, weshalb nur wenige Einheimischen sich hier Häuser leisten können. Zum Glück können die großen Reisebusse im Ort nicht parken, aber es gibt trotzdem noch genügend Besucher. Dazu kommen einige Dutzend Künstler, die sich hier niedergelassen haben, obwohl der Berg viel Tageslicht schluckt.

Deià ist immer noch einer der schönsten Orte Spaniens

Schriftsteller und Maler

Ausländische Schriftsteller entdeckten den Ort noch vor den Malern. Die Amerikanerin Gertrude Stein riet dem britischen Autor Robert Graves Ende der Zwanzigerjahre zu einem Besuch des Ortes. »Er ist ein Paradies«, sagte sie, »wenn man es aushalten kann«. Graves kam und verbrachte den Rest seines Lebens hier. Er liebte den Ort, seine Bewohner und die Landschaft und schrieb hier nicht nur sein Hauptwerk, *The White Goddess*, sondern auch das berühmte Buch *I, Claudius*. Er wurde auf dem Friedhof an der Kirche begraben, deren eckiger Turm den Ort überragt. Die vielen Ausländer, die über die Jahre hinweg hier gelebt haben, haben den Charakter des Ortes kaum verändert. Unbelästigt von Fremden bewahren die Einheimischen ihre Traditionen und feiern die alten Feste wie seit eh und je.

DAMARC 179 D3 Carrer Es Clot s/n 971 639001
Sommer Di–So 10.30–13 Uhr Spende erbeten

Viele Geschäfte im Ort verkaufen die Arbeiten der ansässigen Künstler. Einen besonders guten Überblick über die Künstler in Deià bekommt man im Hotel La Residencia (➤ 104) am nördlichen Stadtrand. Im Hotel, das aus zwei alten Villen aus dem 16. Jahrhundert besteht, schmücken Werke der einheimischen Künstler die Wände; außerdem gibt es einen Ausstellungsraum.

Das Archäologische Museum (DAMARC) im Ortszentrum zeigt die Überreste der Werke von weitaus früheren Künstlern – nämlich aus dem Jura. Das Museum präsentiert Keramik, Schmuck, Werkzeuge und Knochen, die belegen, dass hier bereits vor 7000 Jahren Menschen lebten.

KLEINE PAUSE

Der beste Ort für eine Pause ist die Terrasse im Hotel La Residencia (➤ 104) mit Blick über den Ort.

DEIÀ: INSIDER-INFO

Top-Tipp: Die Wanderung zum Strand von Deià dauert eine halbe Stunde. Zuerst geht es auf der Straße Richtung Sóller, dann links am Wegweiser Richtung Depuradora. Nach dem Hohlweg folgt eine hübsche, kleine Bucht mit tiefem, klaren Wasser, ideal zum Schwimmen und Schnorcheln. Im Sommer gibt es auch eine Strandbar und ein Restaurant.

Die Terrasse des Hotels La Residencia eignet sich gut, um die Aussicht zu genießen

Sóller-Tal

Das wohlhabende schattige Sóller ist eine der nettesten Ortschaften Mallorcas, schon wegen der Lage in einem fruchtbaren Tal mit Zitrusplantagen zwischen Bergen und Meer. Der Schriftsteller D. H. Lawrence sagte einmal, er fühle sich wie eine Hummel zwischen all den Orangen-, Zitronen- und Grapefruitbäumen. Heutzutage wimmelt Sóller im Sommer von Touristen, die mit der Eisenbahn aus Palma kommen und die Straßenbahn zum Hafen nehmen.

Bis die Eisenbahn von Palma 1912 gebaut wurde, war Sóller nur über einen Saumpfad über die Berge zu erreichen. Aus dem Pfad wurde eine Straße, aber die Kurven waren eine echte Herausforderung. So war Sóller mehr nach Norden, nach Barcelona und Marseilles, ausgerichtet, bis 1997 der drei Kilometer lange Sóller-Tunnel (gebührenpflichtig) durch den Coll de Sóller eröffnet wurde und der Ort dem Rest Mallorcas näher rückte.

Sóller

Vom Bahnhof geht es talwärts bis zum Hauptplatz, der Plaça Constitució. An der Südseite steht die Kirche Sant Bartomeu mit einem wunderschönen Rosettenfenster und einer modernistischen Fassade des katalanischen Architekten und Gaudí-Schülers Joan Rubió,

Museu Balear de Ciències Naturals
179 E4
Carretera Palma–Port de Sóller, km 30
971 634064
Di–Sa 10–18 Uhr, So 10–14 Uhr

Unterwegs mit der Bahn

Die erste Eisenbahn fuhr auf Mallorca 1875 zwischen Palma und Inca, der Verkehr auf der 27 Kilometer langen Strecke zwischen Palma und Sóller wurde erst 1912 aufgenommen. Die Fahrt mit der alten Bahn liefert ständig neue Bilder auf der beeindruckenden Strecke durch die Berge und durch unzählige Tunnel. Die Fahrtzeit beträgt rund eine Stunde, und die Bahn verkehrt fünf- bis sechsmal täglich zwischen 8 und 20 Uhr (Fahrplan unter Tel. 971 630130). Der Vormittagszug hält extra zehn Minuten am Mirador del Pujol den Banya, damit man die Aussicht genießen und fotografieren kann.

Eine Straßenbahn verbindet Sóller mit Port de Sóller und fährt im Sommer halbstündlich, im Winter stündlich. Die Fenster der alten Wagons bieten einen guten Blick auf die Häuser und Gärten entlang der Strecke. Die Bahn hält oft während der fünf Kilometer, auf Wunsch stoppt der Fahrer jederzeit.

der auch das Bankgebäude daneben schuf. Man kann auf der Plaça im Schatten der Platanen im Café sitzen und frisch gepressten Orangensaft trinken. Die Apfelsinen von Sóller sollen die besten der Insel sein, sie wachsen an alten Bäumen, sind kleiner und säurehaltiger. Auch ein Besuch im Eissalon an der Nordseite des Platzes lohnt sich, denn hier gibt es bis zu dreißig Sorten Eis, je nach Jahreszeit. Wenn Sie genug Zeit auf der Plaça verbringen, sehen Sie die Straßenbahn nach Port de Sóller vorbeirumpeln. Weiter geht es in östlicher Richtung auf der Carrer Sa Lluna mit vielen Geschäften und alten Häusern, die Emigranten nach ihrer Rückkehr aus Frankreich erbauten. Sie waren ausgewandert, als 1860 eine Krankheit die Orangenplantagen befiel. Haus Nr. 50, die Casa de la Lluna mit hübschem Monddekor, gab der Straße ihren Namen.

Oben: Die Kirche Sant Bartomeu dominiert die Plaça in Sóller

Vorhergehende Seite: Die Straßenbahn fährt direkt am Strand von Port Sóller entlang

Am Ortsrand an der Straße Palma–Port de Sóller liegt das Museu Balear de Ciències Naturals mit dem großen steinernen Talaiot (einem wieder aufgebauten alten Wachturm). In dem eleganten Fin-de-Siècle-Haus befinden sich eine kleine, aber interessante Sammlung von Fossilien und eine beeindruckende Bibliothek. Das Beste ist jedoch der botanische Garten. Hier wachsen vierhundert Pflanzenarten, die auf den Balearen, den Kanaren und in anderen Teilen der Welt beheimatet sind. In einem Teil des Gartens wachsen Sukkulenten, in einem anderen Kräuter und Gewürze und wieder in einem anderen verschiedene Zitrusbäume. Der Jardí Botánic ist stolz auf seine Samenbank, die das Überleben vieler einheimischer Pflanzen sichert.

Ses Valentes Dones

Eines der schönsten Feste in Sóller ist Ses Valentes Dones (die mutigen Frauen), das jedes Jahr im Mai zur Erinnerung an den Piratenangriff und die Schlacht von 1561 stattfindet. Die beiden Frauen Francesca und Catalina schlugen mit ihren selbst gefertigten Knüppeln aus Maulbeerholz die Piraten in die Flucht und wurden so zu unsterblichen Heldinnen. Nicht nur das Fest ist interessant, sondern auch der Wettbewerb der einheimischen Frauen um die Hauptrolle in der Aufführung der Schlacht.

Port de Sóller

Zum Teil Fischerhafen, zum Teil Militärgebiet, zum Teil Ferienort – Port de Sóller ist ein natürlicher Hafen in einer perfekten fischförmigen Bucht. Im Sommer kann man sich hier vor Tagesgästen, die mit der Straßenbahn kommen, kaum retten. Das Hafengebiet wird zurzeit zu einer Prome-

Gegenüber: Blick von der Terrasse bei Ses Barques

nade umgebaut. Auf diese Weise hofft man, elegante Läden und Restaurants für Touristen anzuziehen. Der nicht übermäßig einladende Strand liegt dicht am Ortszentrum. Die Endhaltestelle der Straßenbahn liegt am Hafen, und von hier aus fahren *golondrinas* (Ausflugsboote) nach Cala Tuent, Sa Calobra, El Torrent de Pareis und Sa Dragonera. Über dem Hafen thront auf einem Hügel die Altstadt. Die mittelalterliche Villa Es Port ist heute ein elegantes Gasthaus.

Ein Spaziergang rund um die Bucht, zum Strand und zum Leuchtturm Faro de Punta Grossa dauert eine Stunde. Der Blick auf die Küste ist besonders bei Sonnenuntergang spektakulär. Der Leuchtturm direkt über dem Hafen ist militärisches Sperrgebiet. Fotografieren ist hier verboten.

KLEINE PAUSE

Für Fisch- oder Meeresfrüchte empfiehlt sich Sa Llotja des Peix im Fischerhafen oder El Pirata in einer Seitenstraße am Hafen.

Port de Sóller Bootsfahrten
179 D4
971 633109
nach Sa Calobra: dreimal tägl. im Sommer, Nov.–März tägl. 11.30; andere Ziele: tägl. 11 Uhr

SÓLLER-TAL: INSIDER-INFO

Top-Tipps: Wenn Sie mit dem Auto unterwegs sind und den Zug nach Sóller nehmen möchten, sollten Sie in Bunyola zusteigen. Die Aussicht ist zwischen Bunyola und Sóller am beeindruckendsten, man kann leichter parken und vermeidet den Verkehrsstau in Palma.
• Es gibt mehrere schöne Wanderungen in diesem Gebiet, darunter einen Weg an der Küste nach Deià und einen alten Saumpfad von Sóller zum Hafen. Die Geschäfte in Port de Sóller verkaufen Wanderkarten, aber es gibt auch geführte Wanderungen.

Lluc

Das faszinierende Tal, umgeben von hohen Bergen, ist sowohl die spirituelle Seele der Insel, als auch ein beliebtes Wandergebiet und Umweltzentrum. Viele Mallorquiner fahren sonntags in die Berge, um in einem der rustikalen Restaurants Wild zu essen.

Die Kuppel der Basilika vereint exquisite Kunst und erlesene Architektur

Die prähistorischen Inselbewohner hatten hier wahrscheinlich einen talaiotischen Tempel, als die Römer vor 2000 Jahren die Insel in Besitz nahmen. Eine nahe gelegene Höhle beherbergt eine prähistorische Grabkammer aus dem 4. Jahrhundert v. Chr. Die gegenwärtige Kirche hat ihren Ursprung jedoch in einer Legende aus dem 13. Jahrhundert (► Kasten). Alte Dokumente belegen, dass Pilger bereits 1273 nach Santa Maria de Lluc reisten. Heute pilgern jedes Jahr im August ca. 30 000 Mallorquiner in einer Nacht die 48 Kilometer von Palma zu Fuss durch die Ebene und über die Berge bis zum Kloster.

El Santuari de Lluc (Kloster Lluc) stammt aus dem Mittelalter, die jetzige Basilika wurde im 17. Jahrhundert gebaut. Die interessantesten Teile des Kom-

Wandernde Statue

Nach einer Legende fand ein junger Schafhirte namens Lluc (Lukas) vor siebenhundert Jahren die Steinfigur der schwarzen Madonna im Wald und brachte sie dem Pfarrer im nahen Escorca. Dreimal brachte der Priester die Statue in seine Kirche, und dreimal erschien sie wieder im Wald. Daraufhin ließ der Priester eine Kapelle für die ruhelose Statue La Moreneta, die Jungfrau von Lluc, bauen.

El Santuari de Lluc
179 E4
971 871525; Fax 971 517096; www.lluc.net

Museum
tägl. 10–13, 14.30–17.15 Uhr €

Eine Messe mit dem Chor Els Blavets gehört zu den Höhepunkten im Kloster Lluc

Oliven

Auf mallorquinischen Tischen findet man Dutzende verschiedener Oliven – kleine herbe grüne mit Fenchel, große runde grüne gefüllt mit Anchovis, braune Oliven in Knoblauch und feste schwarze, die mit Griechenland in Verbindung gebracht werden. Die Farbe hängt vom Zeitpunkt der Ernte ab: je länger sie am Baum bleiben, desto dunkler werden sie.

Sie sind schon lange als gesunde Nahrung bekannt, denn Oliven enthalten viele Ballaststoffe und Vitamin E. Das Olivenöl, auch grünes Gold genannt, variiert in der Farbe von gold bis dunkelgrün. Olivenöl enthält nur gesunde Fettsäuren und kein Cholesterin. Die beste Qualität, Extra Vergine, hat weniger als ein Prozent Fettsäuren, stammt aus der ersten von drei Pressungen und wird ohne Hitzeeinwirkung gewonnen.

plexes sind das Kloster, die große Sammlung von Kunstobjekten und religiösen Bildern im Museum und die verehrte La Moreneta, eine dunkelhäutige Jungfrau mit dem Jesuskind im linken Arm; es hält das geöffnete Buch des Lebens mit den Zeichen Alpha und Omega. Die Juwelenkrone der Jungfrau passt nicht zu ihrem einfachen Gesicht, aber ihr ernstes und wissendes Lächeln macht sie liebenswert.

Ein zweiter Höhepunkt des Besuches ist Els Blavets, der Knabenchor, der seit 1531 zum Augustinerkloster gehört. In weiße Hemden und blaue Soutanen gekleidet, singen die Jungen während der Morgenmesse und des Vespergottesdienstes in der Basilika. Den Rest des Tages verbringen sie mit Chorproben, Schulunterricht oder, wie jeder andere spanische Junge auch, mit Fußball. Jedes letzte Wochenende im Monat und den ganzen Juli über haben die Jungen frei, um ihre Familien zu besuchen.

Bischof Campins förderte Lluc zu Beginn des 20. Jahrhunderts

Hinter dem Kloster führt ein 20-minütiger Fußweg zu einem großen Kreuz, das Pilger aus Jerusalem 1919 hierher brachten. Entlang des Weges illustrieren Skulpturen von Antoní Gaudí und Joan Rubió die Mysterien des Rosenkranzes. Atemberaubender als der Weg sind die Ausblicke auf die umliegenden Obstplantagen und Weiden, umrahmt von grauen Felsen und grünen Wäldern.

Im Restaurant des Klosters und in einigen anderen der Umgebung sind Essen und Service ausgezeichnet. Man kann in den alten Pilgerräumen (€, ➤ 104) ein Zimmer mieten. Vor dem Kloster befinden sich eine Bäckerei mit Café, eine Apotheke und ein Geschäft mit Olivenöl, Stickereien, Mandelölparfüm und anderen Souvenirs.

KLEINE PAUSE

Nicht weit von Lluc, in Escorca, liegt Es Guix (Tel. 971517092), ein entzückendes Terrassenrestaurant mit Swimmingpool.

LLUC: INSIDER-INFO

Top-Tipps: Bringen Sie eine Flasche mit, und füllen Sie Wasser aus der Bergquelle ab. Gehen Sie hinter dem Parkplatz nach links, nach einigen hundert Metern sehen Sie rechts ein schwarzes schmiedeeisernes Tor. Am Ende eines Steinwegs zwischen zwei Felswänden sprudelt die öffentliche Quelle. Manchmal stehen mehrere Einheimische Schlange, aber zum Warten gibt es Steinbänke, und jeder kann aus der Quelle so viel Wasser entnehmen, wie er möchte.

• Die Chorknaben singen zweimal am Tag, aber die Touristenbusse kommen alle zur Messe um 11.15 Uhr. Für einen ungetrübteren Genuss lohnt es sich, bis zum Abend zu bleiben oder den Vespergottesdienst um 19.30 Uhr zu besuchen.

Formentor

Die haarsträubende Fahrt über die wilde, zerklüftete Halbinsel mit hohen Klippen, die steil in die See abfallen, gehört zum Spektakulärsten, was Mallorca zu bieten hat.

Die Straße beginnt in Port de Pollença und steigt bis zum *mirador* in Es Colomer an. Von hier aus geht es mit vielen Kurven abwärts bis zu einem sichelförmigen Sandstrand, der sich über einen Kilometer entlang der klaren See erstreckt. Der Strand ist sehr beliebt für Busausflüge, bei Familien, die einen sauberen, sicheren Strand suchen, und bei Singles, die einen ruhigen Tag einlegen wollen. Mit etwas Mühe finden Sie aber ein ruhiges Fleckchen. Sie können Windsurfen und Wasserski fahren. Vor der Küste liegen elegante Yachten, Prominente suchen diesen Fleck besonders gerne auf.

Flora

Geißblatt, Erika und Lavendel wachsen in der Nähe der vielen wilden Olivenbäume. Es gibt Pinien- und Eichenwälder und jahrhundertealte Ulmen. Die runde rote Frucht des Erdbeerbaumes, eines Mitglieds der Arbutus-Familie, schmeckt überraschend gut. Eine der schönsten Wildblumen ist das Alpenveilchen. An den Ufern der Bergbäche wachsen neun verschiedene Orchiedeenarten und 13 Farnarten.

180 C5

Das Meer rund um Cap Formentor ist besonders fischreich

Fauna

Zu den einzigen wild lebenden Tieren in der Sierra Tramuntana gehören Vögel, Kaninchen und wilde Ziegen. Es gibt einige Kolonien von Eleonorenfalken, Fischadlern, Möwen, Kormoranen und Sturmvögeln. Adler, Habichte, Weihen und Turmfalken kreisen über den Bergen. Zu den spektakulärsten Erscheinungen gehört der seltene Schwarzgeier mit einer Flügelspannweite von drei Metern. Außerdem leben hier verschiedene Eulenarten.

Wenn man einen abgeschiedenen Weg entlang wandert, kann man eventuell den mallorquinischen Geburtshelferfrosch, den *ferreret*, sehen (► 30).

In den Zwanziger- und Dreißigerjahren wurde Formentor berühmt, weil viele Prominente in dem luxuriösen Hotel abstiegen, das die Argentinier Adan Diehl und Mercedes Popolitzio eröffnet hatten. Nach wie vor herrscht ein ständiges Kommen und Gehen von stromlinienförmigen Yachten und schlanken Segelbooten, und man wird an die Zeiten erinnert, in denen Berühmtheiten wie Prinz Charles, Jacky Onassis, das Fürstenpaar von Monaco, John Wayne oder Sir Winston Churchill hier abstiegen.

Von Formentor windet sich die Straße weiter durch Pinienwälder. Hinter einer einzelnen Pinie führt ein steiler Weg hinunter zum einsamen Strand von Cala Figuera, einem idyllischen Fleck mit kristallklarem blaugrünem Wasser. Nach zehn Kilometern erreicht man den Leuchtturm am Rande der Klippen. Das Parken am Leuchtturm kann im Sommer problematisch sein. Es gibt hier ein kleines Café, von dessen Terrasse man an klaren Tagen bis nach Menorca blickt.

KLEINE PAUSE

Da im Sommer die Strandbar und das Café oft überfüllt sind, sollten Sie sich einen Picknickkorb packen oder ein elegantes Essen auf der gepflegten Terrasse des Hotel Formentor einplanen. Die Terrasse bietet einen Blick über den üppigen Hotelgarten bis zum Meer.

FORMENTOR: INSIDER-INFO

Top-Tipp: Fahren Sie entweder am frühen Morgen oder am Spätnachmittag nach Formentor, dann ist es nicht so überlaufen. Wenn Sie nur die Küste genießen wollen, können Sie mit einer *golondrina* (Boot) von Port de Pollença aus fahren. Die einfache Strecke dauert dreißig Minuten, der Strand ist am Bootsanleger am vollsten.

Geheimtipp: Von der Straße zwischen Formentor und dem Leuchtturm führt ein zwei Kilometer langer Weg zur Cala Murta, einer schmalen Bucht, die ideal zum Schwimmen und Schnorcheln ist. Manchmal ankert hier auch eine Yacht. Ein Restaurant ist während des Sommers geöffnet.

Außerdem: Am Mirador Es Colomer, sechs Kilometer von Port de Pollença entfernt, blickt man von einem dreihundert Meter langen Weg zweihundert Meter in die Tiefe. Im Hintergrund erhebt sich der Fels Es Colomer (Taubenschlag), der nach den hier lebenden Wildtauben benannt wurde. Auf der anderen Straßenseite befindet sich ein alter Wachturm. Für den halbstündigen Fußmarsch auf den Berg werden Sie mit einem faszinierender Ausblick über die gesamte Halbinsel belohnt (morgens und abends besonders schön).

Nach Lust und Laune!

Erzherzog Ludwig Salvator liebte die Gegend rund um Son Morroig

2 Son Marroig

Dieser großartige Landsitz, der heute ein Museum und eine Gedenkstätte für den österreichischen Aristokraten, Gelehrten und Ökologen Erzherzog Ludwig Salvator ist, war einst sein Lieblingswohnort. Heute sind Teile des Erdgeschosses und ersten Stocks für Besucher zugänglich.

Ausgestellt werden viele Fotos und Zeichnungen des Erzherzogs (immer mit Sonnenschirm), außerdem einige seiner Notizen und Skizzen. Es gibt auch eine Sammlung alter mallorquinischer Möbel, spanisch-arabischer Keramiken und Gemälde von Antonio Ribas Prats, dessen Familie den Landsitz erbte, als der Erzherzog starb.

Das Haus liegt dreihundert Meter über der schroffen Küste und besitzt einen Wachturm, der im 16. Jahrhundert zum Schutz vor Piraten gebaut wurde. Der Turm schützte nicht hundertprozentig: In einem seiner Bücher erzählt der Erzherzog, dass eine Frau aus Sóller aus eben diesem Turm von Piraten entführt wurde.

Der romantische Garten hinter dem Haus endet an einem neoklassizistischen Säulenrundbau aus weißem Carraramarmor. Von hier aus hat man einen spektakulären Blick auf Sa Foradada (➤ 162), eine felsige Halbinsel, die ins Meer ragt.

179 D4
Straße Valldemossa–Deià (C-710)
971 639158
Mo–Sa 9.30–14 Uhr, 15–19.30 Uhr (im Winter 17.30 Uhr)
€

Der Erzherzog wurde in der Toskana geboren, wo sein Vater König war, durchkreuzte mit seiner Yacht *Nixe* das Mittelmeer und kam als 20-jähriger 1867 auf Mallorca an. Wenige Jahre später kaufte er Son Marroig. Er sprach 14 Sprachen und hatte ein umfassendes botanisches Wissen. Seine Gastfreundschaft war berühmt; er bot jedem, der es benötigte, drei Tage Kost und Logis an. Anders als Chopin und George Sand war er bei den Mallorquinern beliebt. Zu seinen Hobbys gehörte das Reiten, daher ließ er auf seinem Besitz viele Reitwege anlegen, die heute zu Wanderwegen geworden sind.

5 Alfàbia

Lilienteiche, Bambushaine und rauschende Palmen – die Gärten von Alfàbia sind eines der wenigen Überbleibsel der maurischen Herrschaft auf Mallorca. Ein wunderbarer Ort, um einige Stunden zu verbringen, die Alleen entlang zu schlendern und im Schatten der Orangenbäume zu sitzen und dem Plätschern des Wassers zu lauschen. Die Gärten liegen auf der Südseite des Coll de Sóller, nahe dem Anfang des Tunnels. Im Restaurant Ses Porxeres am Parkplatz gibt es katalanische Wildgerichte.

179 D3

Carretera Palma–Sóller, km 14

971 613123

April–Sept. Mo–Fr 9.30–18.30 Uhr, Sa 9.30–13 Uhr; Okt.–März Mo–Fr 9.30–17.30 Uhr, Sa 9.30–13 Uhr

€€

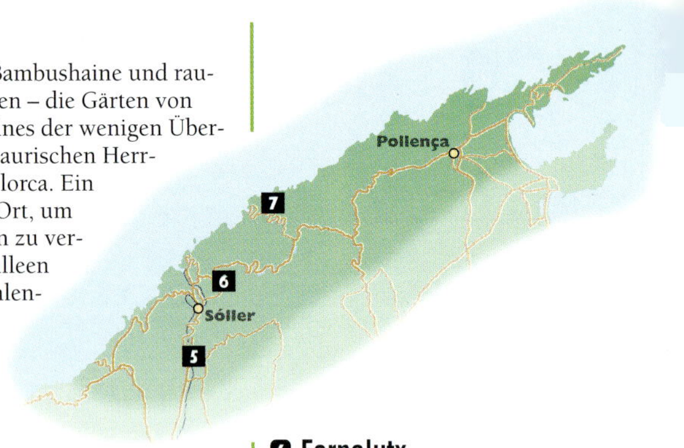

6 Fornalutx

Fornalutx ist eines der schönsten Bergdörfer der Insel, leider jedoch während der Hauptsaison häufig überfüllt mit Autos und Bussen, aber gegen Abend wird es leerer. Es lohnt sich, durch die engen Pflasterstraßen bis zum kleinen Dorfplatz zu schlendern. Ungefähr die Hälfte der schönen alten ockerbraunen Häuser gehören inzwischen Ausländern. Von der Regierung wurde Fornalutx zum Kulturdenkmal ernannt, so dass jetzt strenge Bauvorschriften eingehalten werden müssen.

Sollte es zu voll sein, kann man einen Kaffee auf der Terrasse eines Restaurants mit Blick auf den Ort trinken.

Tir amb passeta

Wahrscheinlich entstand der alte talaiotische Sport des *tir amb passeta* in Fornalutx. Mit Hilfe einer kräftigen Schlinge und eines Steins konnte ein erfahrener Schleuderer einen Vogel aus einhundert Metern Entfernung vom Himmel holen. Es heißt, dass die jungen Männer nicht eher essen durften, bis sie einen Vogel erlegt hatten, so trainierten sie ihre Fähigkeiten. Als die Römer nach Mallorca kamen, verpflichteten sie diese Jäger als Söldner in ihren Armeen. Der Name Balearen kommt vom griechischen Wort *ballein* – mit einer Schleuder jagen.

Der Name Fornalutx kombiniert die mallorquinischen Wörter für Ofen und Licht

Ein Felsbogen auf Sa Calobra umrahmt die Sicht aufs Meer

Der Blick über das breite Tal mit Tausenden von Orangenbäumen zum Puig Major in Verbindung mit dem Duft der Orangenblüten entschädigt für alles andere.

179 E4

5 km nordöstlich von Sóller (via Biniaraix)

7 Sa Calobra

Dieses touristische Kleinod ist leider schon lange von den Massen entdeckt worden, und die Menge an Touristenbussen und Souvenirgeschäften trübt die Schönheit. Man kann Sa Calobra mit dem Schiff von Port de Sóller erreichen oder, wenn man ein unvergessliches Erlebnis haben will, auf der Straße durch das Gebirge. Hinter jeder Kurve der zwölf Kilometer langen Strecke bietet sich ein herrlicher Blick, bis man an einem Hain von hundertjährigen Olivenbäumen fast das Meer erreicht. Es gibt einige wenige Parkplätze, und dann geht es zu Fuß weiter, immer in Richtung Meer. Nach etwa zehn Minuten erreicht man die Mündung des Torrent de Pareis, eine tiefe Schlucht, die der im Sommer ausgetrocknete Fluss durch die starken Winterregen ausgewaschen hat. Er entspringt 15 Kilometer entfernt in den Bergen, überwindet auf seinem Weg einen Höhenunterschied von sechshundert Metern und gräbt Schwindel erregende Gräben mit gewaltigen Felsbrocken. Hier befindet sich, nur 35 Kilometer vom überfüllten Arenal entfernt, eine der ursprünglichsten Gegenden Spaniens. Gut trainierte Urlauber können auch die sieben Kilometer von Lluc aus bis zur Schlucht wandern. Dort, wo der Canyon nur dreißig Meter breit ist, steigen die Wände dreihundert Meter hoch auf; niemand bekommt hier einen Sonnenbrand, aber durch heftigen Regen in den Bergen kann die Schlucht überflutet werden. Deshalb sollte man mit einem Führer wandern, denn immer wieder verunglücken hier Wanderer – manchmal tödlich.

Früher einmal war das isolierte Sa Calobra ein Versteck für Piraten; der Freibeuter Rotbart entführte hier einen Landbesitzer mit dem Spitznamen Calobra, der dem Ort seinen Namen gab. Noch Mitte des 20. Jahrhunderts erhielten Schmuggler in den einsamen Höhlen ihre Waren, heute ist der Tourismus lohnender.

Es gibt einige Restaurants, in denen man mittags essen kann, aber sie richten sich nach der Devise: je besser die Aussicht, desto schlechter das Essen. Im Sommer sollte man sich etwas mitbringen und ein Picknick am Strand genießen.

179 E5

Wohin zum ... Übernachten?

Preise: Die Preise beziehen sich auf das günstigste Doppelzimmer während der Hochsaison, Mehrwertsteuer inbegriffen. In der Nebensaison können die Preise bis zu 50 Prozent niedriger liegen. Das Frühstück ist gewöhnlich inbegriffen.
€ unter 60 € **€€** unter 120 € **€€€** über 120 €

Apartamentos El Encinar €€

Auf einem steilen Kliff zwischen Eichen- und Pinienwäldern mit Blick aufs Meer gelegen – die modernen Apartments sind ein guter Ausgangspunkt für Wanderungen im Gebirge oder um Mallorca zu entdecken. Die Anlage besitzt einen Swimmingpool, Tennisplatz und einen Spielplatz.

179 D3
Carretera Valldemossa–Deià
971 612000; Fax 971 616019

Formentor Hotel €€€

Dieses Wahrzeichen der Halbinsel, ein idyllischer Zufluchtsort für den Jetset, wurde 1929 gebaut. Es liegt in einem Aleppo-Pinienhain mit Blick nach Süden über eine sichelförmige Bucht. Das Formentor hat alle nur möglichen Annehmlichkeiten und den Service, den man von einem Grand Hotel erwartet (sogar ein kleines Kino gibt es), und doch liegt sein Charme in den Terrassen, den üppigen Gärten und der einsamen Lage dreihundert Meter über einer sandigen Bucht mit kristallklarem Wasser. Eine kurze Fahrt über einen Bergpass führt nach Port de Pollença.

188 C5 Formentor
971 899100; Fax 971 865155;
e-mail:reservas@hotelformentor.net;
www.hotelformentor.net

Hotel Marina €

Dieses kleine Hotel liegt an der Promenade und der Bucht; man sollte nach einem Zimmer mit Balkon und Meerblick fragen. Das Personal ist freundlich und hilfsbereit. Von hier aus kann man leicht den Hafen und die Straßenbahn nach Sóller erreichen.

179 D4
Passeo de la Playa, Port de Sóller
971 631461; Fax 971 634182;
e-mail: info@hotelmarinasoller.com;
www.hotelmarinasoller.com

La Residencia

Dieses luxuriöse Landhaus-Hotel wurde 2002 vom britischen Unternehmer Sir Richard Branson an die Orient-Express-Hotel-Gruppe verkauft. Es erschloss seit seiner Eröffnung 1984 den Markt für einen hochwertigen Mallorca-Tourismus im Landesinneren. Filmstars, Models und Angehörige des Hochadels haben diesen Rückzugsort besucht, der aus zwei umgebauten Fincas des 16. und 17. Jahrhunderts besteht. La Residencia wird regelmäßig unter die Top-Hotels Europas gewählt. Es besitzt jeden Luxus, den man sich nur denken kann: Pools drinnen und draußen, frische Früchte und Blumen in jedem Raum. Im Winter bietet das Hotel Aktivitäten wie Malen, Tennis, Golf und Schönheitsbehandlungen an. Im Sommer ist es angenehm, den Tee auf der Terrasse einzunehmen, während das Restaurant El Olivo (➤ 106) in der alten Son-Moragues-Olivenpresse Eleganz und gutes Essen bietet.

179 D3 Finca Son Canals, Deià
971 639011; Fax 971 639370;
e-mail: reservas@hotel-laresidencia.com;
www.hotel-laresidencia.com

Santuario de Lluc €

Tagsüber wimmelt das Bergdorf Lluc von Touristen, aber abends ist es wunderbar ruhig. Die Zimmer im Kloster, manche mit eigenem Bad, sind sauber und einfach, der Blick aus dem Fenster über das Tal von Lluc ist unbezahlbar. Ursprünglich waren die Übernachtungsmöglichkeiten nur für Pilger gedacht, aber heute ist auch jeder Gast herzlich willkommen.

179 F4 Lluc, Escorca
971 871525; Fax 971 517096

Vistamar €€€
Das zwei Kilometer westlich von Valldemossa gelegene Vistamar gehört zu einem ruhigen, großen Landgut mit Pinien, Eichen und Olivenbäumen. Die renovierte mallorquinische Villa hat den ursprünglichen Charakter behalten und ist üppig mit Antiquitäten ausgestattet. Zu den Annehmlichkeiten gehören Telefon, Satelliten-TV, Minibar und ein Swimmingpool. Das elegante Restaurant und die Terrasse, auf der man unter vierhundert Jahre alten Zypressen sitzt, bieten Mittelmeerküche. Zum Strand von Valldemossa führt ein steiler Wanderweg.

179 D3
Carretera Valldemossa–Andratx, km 2
971 612300; Fax 971 612583;
e-mail: info@vistamarhotel.es;
www.vistamarhotel.es

Wohin zum ...
Essen und Trinken?

Preise: Das **€** zeigt an, was man für ein durchschnittliches Essen pro Person inklusive Getränke, Steuern und Service ausgeben muss.
€ unter 15 € **€€** unter 30 € **€€€** über 30 €

Bar Meriendas €
Das beliebteste Café im Ort, vielleicht wegen der verführerischen Orangen, die in Netzen vor der Tür hängen oder wegen der schönen Marmortische. Die Einheimischen stehen an der Bar, trinken Kaffee und essen kleine Lammpasteten. Spezialitäten sind runde Kartoffelbrötchen mit Puderzucker und dicke, heiße Schokolade, ebenso gut sind der frische Orangensaft, der Kaffee und das übrige Gebäck. Der Service ist manchmal langsam, man sollte sich einfach entspannen.

179 D3
Carrer Blanquera, Valldemossa
971 616192
7 Uhr bis der Letzte das Lokal verlässt

Bens d'Avall €€€
Mit Blick auf die romantische Nordküste, eines der besten Restaurants der Insel, wenn man Service, Essen, Getränke und den Sonnenuntergang auf der Terrasse zusammenzählt. Aber wegen der halsbrecherischen Fahrt über die dunklen Bergstraßen nach dem Essen sollte man lieber mittags kommen. Wählen Sie einen sonnigen Tag, denn auf der Terrasse sitzen Sie am besten. Zu empfehlen sind die Hummercanneloni mit Parmesan und die Zitronentorte.

179 D4
Carretera Sóller–Deià, km 56 (dann noch 2 km nach Norden)
971 632381
Di–Sa 13–16, 20–23 Uhr (Sommer)

Faro €€
Über dem Fischerhafen bietet das Faro frischen Fisch und Meeresfrüchte. Man sollte nach dem Tagesfang fragen, denn der schmeckt meistens am besten.

179 D4
Cap Gros de Maleta, Port de Sóller
971 633752
tägl. 12.30–15.30, 19.30–22.30 Uhr

Mirador Ses Barques €€
Manche Gäste kommen wegen der Aussicht, andere wegen der Küche. Der Blick entlang der Nordküste bei Sóller ist wirklich atemberaubend, besonders bei Sonnenuntergang, wenn alles golden glänzt. Zu den Spezialitäten gehören Schweinelende mit Kraut oder Kaninchen mit Zwiebeln, und alles schmeckt ausgezeich-

net. Man kann drinnen im altmodischen Speisesaal mit Rundumblick oder oben auf der Terrasse essen.

179 E4 Carretera Sóller–Lluc, km 45
971 630792
Di–So 12.30–16, Fr-Sa auch 19–22 Uhr

Can Mario €

Niemand braucht für ein Mittagessen ein Vermögen auszugeben, solange man in diesem einfachen Restaurant essen kann. Die Küche serviert Hausmacherkost wie mit Hackfleisch gefüllte Auberginen und Kotelett mit Bratkartoffeln. Gratis ist der Ausblick auf den Bergpass.

179 D3
Carrer Uetam, 8, Valldemossa
971 612122; Fax 971 616029;
e-mail: sn1038@bitel.es
tägl. 13–15.30,
Fr–Sa auch 20.30–22.30 Uhr

Can Penasso €–€€

Dieses Restaurant mit 500 Plätzen versorgt seit 25 Jahren Mallorquiner und Touristen mit gutem Essen. Zu den Spezialitäten gehören traditionelle Reis- und Fleischgerichte, zarte Lammkoteletts, gegrilltes Spanferkel und Tintenfisch. Bekannt ist das Restaurant auch wegen seiner verschiedenen Sorten von Mousse.

179 D3
Carretera Palma–Sóller, km 14,7, Bunyola
971 1 613261
Do–Di 13–16, 20–24 Uhr

El Olivo €€€

In der ehemaligen Ölmühle Son Moragues (die Presse ist noch vorhanden) befindet sich heute das einzige Restaurant Deiàs mit Parkplatz. Essen und Service sind außerordentlich gut. Probieren Sie die Fischsuppe mit Kräutern und Garnelenravioli oder das Lamm mit Kohl und Kräutern im Senfmantel, und gönnen Sie sich anschließend einen Kaffee auf der Terrasse mit Blick auf Deià und den Teix.

179 D3
La Residencia Hotel, Deià
971 639392
tägl. 12.30–15.30, 19.30–23 Uhr

Jaime €€

Das Restaurant liegt versteckt im ersten Stock, und hier trifft man die High Society, die in Ruhe essen möchte. Das Essen ist typisch mallorquinisch und sehr gut.

179 D3
Carrer Arxiduc Lluis Salvador, 13, Deià
971 639029
Di–So 12.30–15, 19.30–22.30 Uhr

La Bodega €€

Den Besitzern gehört auch das berühmte Taberna del Caracol (➤ 62) in Palmas Altstadt. La Bodega ist nicht ganz damit vergleichbar, aber man sollte die berühmten Rühreier mit Garnelen versuchen, ein Grund, nicht aufs Frühstück zu verzichten. Es gibt auch eine gemütliche Terrasse.

179 D3
Carrer Arxiduc Lluis Salvador, 19, Deià
971 6 39139
Di–So 12.30–15.30, 19.30–23.30 Uhr

Mirador Na Foradada €€

Direkt neben Son Marroig liegt dieses Restaurant mit guter mallorquinischer Küche. Man genießt den Blick, den auch Erzherzog Ludwig Salvator so liebte – zu dem berühmten Fels mit dem Loch.

179 D3
Carretera Valldemossa–Deià, km 6
971 639026
Fr–Mi 12.30–15.30, April–Okt. auch 19.30–22.30 Uhr

Sa Cartoixa €–€€

Dieses geschäftige mallorquinische Restaurant im Zentrum von Valldemossa serviert typisch ländliche Kost wie gebratene Lammschulter, Paella, *tumbet* (Gemüse-Ratatouille) und eine leckere Mandeltorte. Sie können im Sommer auch nur ein Sandwich auf der Terrasse genießen.

179 D3
Plaça Ramón Llull, 5, Valldemossa
971 612240
Winter So–Fr 8.30–18 Uhr; Sommer 8.30–23 Uhr

Sa Fonda €€

Ein elegantes Restaurant in einer himmlischen Umgebung ist das frühere Refektorium der Mönche. Die Atmosphäre blieb erhalten, sicher auch wegen der breiten Steinbögen im Raum. Zu den Spezialitäten gehören Reis mit Wild und gebratenes Bergzicklein mit Rosmarin.

179 F4 Kloster Lluc 971 517022
Mi–Mo 13–15.30, 19–21.30 Uhr

Sebastian €€€

Das Restaurant befindet sich in einem alten Stadthaus mit unverputzten Wänden und hat sich auf mediterrane Küche spezialisiert. Die kleine Karte bietet gebratene Muscheln mit Artischockenherzen und Tomaten oder Hummerravioli mit grünem Spargel, als Abschluss empfiehlt sich die gemischte Käseplatte mit spanischem Käse und selbst gebackenem Brot. Der Wein stammt aus den unterschiedlichsten Regionen Spaniens, die Preise sind akzeptabel. Die Bedienung ist freundlich.

179 D3 Felipe Bauza, Deià
971 639417
Feb.–Nov. Do–Di 21–23 Uhr

Wohin zum … Einkaufen?

Kaum einer fährt zum Einkaufen in die Tramuntana, aber das bedeutet nicht, dass es hier nichts gibt. Die Märkte in Valldemossa (sonntagvormittags), in Sóller und Bunyola (samstagvormittags) bieten eine bunte Mischung aus Kleidung, Kunsthandwerk und Lebensmitteln.

Valldemossa

Den Weg vom Parkplatz zum Kloster säumen Geschäfte, die Keramik und Kacheln, Lederwaren, Baumwolle und Seide, Spitzenschals, T-Shirts und ähnliche Souvenirs anbieten. **Artesanías La Cartuja** (Avinguda Palma, 1) führt mallorquinisches Glas, silberne Fingerhüte, handbemalte emallierte Ohrringe und Lladró-Figuren.

San Bruno (Carrer Marqués de Vivot, 2) ist spezialisiert auf Santa-Catalina-Kacheln, blaue und gelbe Keramik, Puppen und T-Shirts. Bei **Magdalena Alorda** (Avinguda Palma, 5A) bekommt man Schüsseln aus Olivenholz, bestickte Tücher, Schmuck aus Muscheln und Korallen und bemalte Fächer. **L' or de Mallorca** (Carrer Blanquerna, 10–12) führt mundgeblasenes Glas und eine ausgezeichnete Auswahl an Gold- und Korallenschmuck in rustikalem Dekor aus alten Weinfässern.

Der Buchladen an der Ecke der Plaça Cartoixa verkauft Bücher, Zeitschriften und Zeitungen in katalanischer, spanischer, englischer und deutscher Sprache. Die Geschäfte innerhalb von La Cartoixa haben ein begrenztes Warenangebot, sind aber häufig billiger.

Deià

Wenn man gerade im Lotto gewonnen hat, wird das Geschäft im Hotel **La Residencia** eine wahre Fundgrube sein: Designerbadeanzüge aus Israel, Kleidung aus Italien, Kugelschreiber von Yves St-Laurent, handgeschöpftes Papier, Mallorcaperlen und andere Souvenirs. Ansonsten bietet sich **Casana** gleich gegenüber an, wo es Schmuck aus Gold und Stahl mit Diamanten gibt.

Bei einem bescheideneren Budget lohnt sich der Besuch in der **Herboristería L'Arxiduc** (Carrer Arxiduc Lluis Salvador, 2), mit guter Auswahl an selbst gebackenem Brot, Kräutern, Naturkosmetik, Kleidung, Büchern und Blumen.

Sóller

Die Haupteinkaufsstraße Sóllers ist die Carrer La Lluna, aber es gibt auch in den Nebenstraßen einige gute Geschäfte. **Toni de Sa Coma** (Vicario Pastor, 9) ist ein gutes Antiquitätengeschäft. Bei **Castaldo Paris** (Carrer Deià) bekommt man Tontöpfe, die man sowohl im Backofen als auch auf dem Herd benutzen kann.

La Confianza (Carrer Lluna, 7) verkauft leckeres Gebäck. Erst danach sollte man zu **Melissa** (Carrer Cristóbal Colón) gehen, wo es eine ausgezeichnete Auswahl an Badekleidung und Unterwäsche gibt. **Sa Fabrica de Gelats** (Plaça Mercat) ist der Spezialist für Eiscreme mit einer großen Auswahl, besonders gut sind die Sorten aus den Früchten der Obstplantagen im Tal. **Fet a Sòller** (im Bahnhof) verkauft Arbeiten von Behinderten; es gibt die unterschiedlichsten Produkte wie Keramik, Marmelade, Honig und Olivenöl. In der alten Ölmühle im nahe gelegenen **Can Det**, eine der wenigen, die noch hydraulisch zwischen zwei großen Steinen pressen, werden nur 10 000 Liter Öl pro Jahr gewonnen. Jede Flasche, die man sich mitnimmt, bringt die Erinnerung an Mallorca während der nächsten Monate zurück. Die Oliven stammen noch von den Bäumen, die die Mauren vor tausend Jahren in der Tramuntana pflanzten.

Wohin zum ... Ausgehen?

Hier in den Bergen findet Unterhaltung meistens im Freien statt. Während des Sommers gibt es einige kulturelle Veranstaltungen.

Kultur

Valldemossa: Das Kulturzentrum Costa Nord (➤ 90) ist Veranstalter der Mediterranean Nights, einer Serie von Konzerten aller Art Ende Juni bis Ende August. Eine Reihe bekannter Künstler ist in den letzten Jahren hier aufgetreten, darunter Van Morrison, der Flamenco-Gitarrist Tomatito und der kubanische Sänger Compay Segundo. Das bekannte Chopin-Festival (Tel. 971 612351) findet jedes Jahr im Juli und August in La Cartoixa statt, daneben gibt es aber auch täglich Chopinkonzerte im Palacio del Rey Sancho.

Deià: Klassische Konzerte finden im Juli und August in der Kirche, im La Residencia und in Son Marroig statt (Tel. 971 639178).

Port de Sóller: Das größte Fest, Anfang Mai jeden Jahres, erinnert an die Schlacht zwischen Mauren und Christen vor fünfhundert Jahren.

Sóller: Das internationale Festival des Volkstanzes findet immer in der letzten Juliwoche statt.

Torrent de Parreis: Mitte Juli findet am Strand ein Openair-Chorkonzert statt (Tel. 971 171717).

Lluc: Der Chor Els Blavets singt während der Morgen- und der Vespermesse in der Kirche. Im Souvenirladen des Klosters bekommt man auch Kassetten des Chors.

Aktivitäten im Freien

Bootstouren: Die Marina Sóller (Platja d'en Repic, Port de Sóller, Tel. 971 634590) vermietet Segelboote und Motorboote.

Barcos Azules (Tel. 971630170), ebenfalls in Port de Sóller, bietet einen Katamarandienst entlang der zerklüfteten Küste an.

Spazieren gehen: Spazierengehen, Wandern und Bergwandern gehören in der Tramuntana, einem beliebten Ziel europäischer Kletterer zum Lifestyle. Buchhandlungen in Sòller und im Kloster Lluch verkaufen Führer und Karten, die lange und kurze Wanderungen in diesem Gebiet beschreiben. Es gibt auch eine Reihe von Bergführern, die begleitete Touren anbieten. Die Ruta de la Pedra Seca durchquert die ganze Tramuntana-Kette von Andratx bis Pollença.

Schwimmen: Die meisten Hotels haben Swimmingpools. Strände gibt es in Valldemossa, Deià, Port de Sóller, Sa Calobra, Cala Sant Vicenç und Formentor.

Die Ostküste

Erste Orientierung

Lange Sandstrände, ausladende Buchten und ein Trio historischer Städte machen die nordöstliche Ecke Mallorcas interessant. Dieser Teil Mallorcas spricht vor allem Familien an, die einen aktiven Urlaub vorziehen und Tage am Strand mit Besichtigungen, Fahrradtouren und Wanderungen in den Bergen kombinieren wollen.

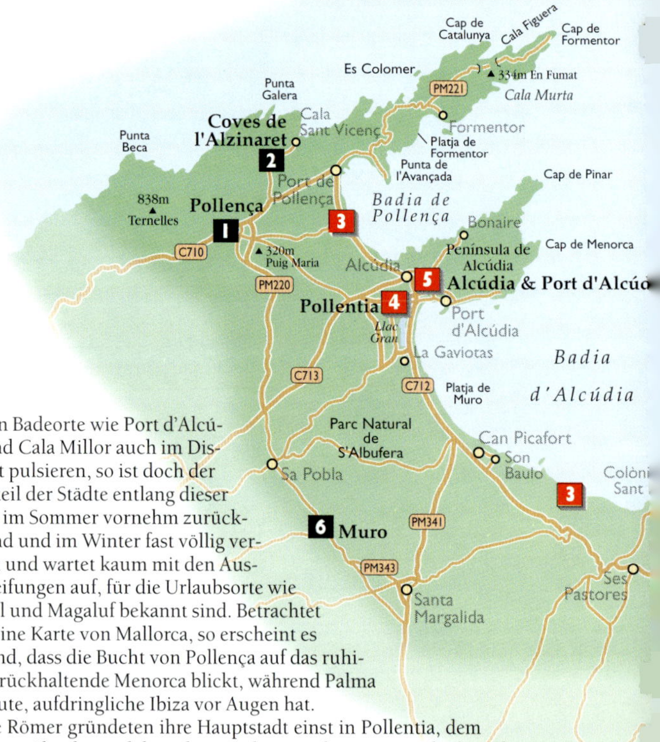

Mögen Badeorte wie Port d'Alcúdia und Cala Millor auch im Diskotakt pulsieren, so ist doch der Großteil der Städte entlang dieser Küste im Sommer vornehm zurückhaltend und im Winter fast völlig verlassen und wartet kaum mit den Ausschweifungen auf, für die Urlaubsorte wie Arenal und Magaluf bekannt sind. Betrachtet man eine Karte von Mallorca, so erscheint es passend, dass die Bucht von Pollença auf das ruhige, zurückhaltende Menorca blickt, während Palma das laute, aufdringliche Ibiza vor Augen hat.

Die Römer gründeten ihre Hauptstadt einst in Pollentia, dem heutigen Alcúdia, welches ohne ein historisches Missgeschick auch heute noch die Inselhauptstadt sein könnte: Als Jaime I. im Jahr 1229 Mallorca zurückerobern wollte, plante er, an der Ostküste, in der Bucht von Pollença an Land zu gehen. Da ein Sturm sein Schiff vom Kurs abbrachte, ging er jedoch stattdessen in Palma an Land, und so blieb Alcúdia eine kleine Provinzstadt mit römischen Ruinen.

Neben den Stränden warten die Städte Alcúdia, Artà und Pollença mit Attraktionen auf. Besonders schön sind die Markttage, wenn in den Straßen Marktstände alles von Gemüse bis zu handgearbeiteten Töpferwaren verkaufen. Wenn Sie dem Trubel entfliehen wollen, empfiehlt sich ein Spaziergang im Sumpfland von S'Albufera (➤ 165), einem Paradies für Vogelliebhaber mit verschiedenen Fuß- und Fahrradwegen.

Port de Pollença wurde behutsam erschlossen und ist heute einer der exklusivsten Orte Mallorcas

Seite 109: Das einzige römische Theater der Insel befindet sich in Alcúdia

★ Nicht verpassen!

3 Strände ➤ 114
4 Römisches Pollentia ➤ 117
5 Alcúdia & Port d'Alcúdia ➤ 120
7 Artà & Ses Païsses ➤ 123

Nach Lust und Laune!

1 Pollença ➤ 126
2 Coves de l'Alzinaret ➤ 127
6 Muro ➤ 127
8 Capdepera ➤ 127

Auf dieser gemächlichen Tour durch die Region besichtigt man die Städte Pollença, Alcúdia und Artà und findet auch noch Zeit für einen Nachmittag am Strand.

Die Ostküste in zwei Tagen

1. Tag

Vormittag

Erkunden Sie die Straßen und Plätze von Pollença (Wappentier Hahn, rechts, ➤ 126). Legen Sie den Besuch möglichst auf einen Sonntag, wenn die Cafés voller Leben sind und in der Stadt einer der schönsten Märkte der Insel stattfindet. Spazieren Sie zur römischen Brücke (➤ 117), und erklimmen Sie die Stufen zum Kalvarienberg oder wandern Sie hinauf zum Puig Maria (➤ 156), um den Blick über die Stadt zu genießen. Entspannen Sie von der Besichtigungstour in einem der Cafés am Hauptplatz.

Nachmittag

Verbringen Sie einige Stunden beim Sonnenbaden an einem der Strände der Region (➤ 114). Die Sonnenanbeter sollten in Port de Pollença das weniger bevölkerte, südliche Ende des Strandes aufsuchen. Abenteuerlustige können mit dem Bus von Pollença nach Cala Sant Vicenç fahren und von dort über die Hügel zurück zur Bucht von Pollença wandern.

Abend

Machen Sie einen romantischen Spaziergang entlang der von Kiefern gesäumten Uferpromenade, während die Sonne über der Bucht untergeht, und suchen Sie sich einen Tisch unter dem Feigenbaum im Balada del Agua del Mar (➤ 129) oder einem anderen Restaurant an der Promenade.

2. Tag

Vormittag

Besuchen Sie am frühen Morgen (bevor die Reisegruppen eintreffen) die Ruinen der römischen Stadt Pollentia (➤ 117). Anschließend bieten sich ein Spaziergang im mauerbewehrten Alcúdia (➤ 120) und ein Mittagessen in einem der Cafés an der Plaça Constitució an.

Nachmittag

Folgen Sie der Küstenstraße um die Bucht von Alcúdia zwischen den Sanddünen und dem S'Albufera-Reservat. Parken Sie das Auto, und klettern Sie über die Dünen an den Strand, oder folgen Sie einem der Wanderwege in S'Albufera (➤ 166). Fahren Sie weiter nach Artà (➤ 123) und erklimmen Sie dort, nach einem Besuch der megalithischen Ruinen von Ses Païsses, die Stufen zum Heiligtum über der Stadt (Relief rechts).

Strände

An diesem Küstenabschnitt sollte jeder einen passenden Strand finden können. Die Möglichkeiten reichen von Mallorcas längstem Strand in der Bucht von Alcúdia, der scheinbar endlose Massen aufnimmt, bis hin zu Zufluchtsorten wie Cala Mesquida und Colònia de Sant Pere, die, obwohl auch nicht länger unentdeckt, um einiges ruhiger sind.

Cala Sant Vicenç

Diese *cala* (Bucht) liegt an der Nordküste und besteht aus zwei Buchten mit drei kleinen, perfekten Stränden unweit von Cafés und Souvenirläden, die von Juni bis September stark besucht sind. Im Osten ragen zerklüftete Klippen himmelwärts, während die *calas* im Westen von gerundeten Hügeln mit Wanderwegen umschlossen werden. Achten Sie im Herbst, Winter und Frühling auf die rote Flagge am Strand, denn wenn der Wind auffrischt, kann die Brandung gefährlich werden. Wenn Sie im Win-

ter hier sind, beobachten Sie eine Zeit lang die über die Felsen hereinbrechenden Wellen, eine hypnotisierende Erfahrung. Die am nördlichsten gelegene *cala* hat einen sanft abfallenden Strand, der für Kinder ideal ist. Zwischen den Felsen tummeln sich viele Fische, Schnorcheln ist hier interessant.

Die Bucht von Pollença

Der Strand von **Port de Pollença**, der sich um den nördlichen Teil der Bucht erstreckt, wird durch den Yachthafen geteilt. Ein von Kiefern gesäumter Fußweg begrenzt den schmalen, nördlichen Teil des Strandes. Er verbreitert sich zu einer von Bars und Cafés gesäumten Promenade, auf der man Sonne und Sangria genießen kann, während man ein Auge auf die Kinder am Strand hat. Südlich des Yachthafens endet das geschäftige Treiben, und der Strand verbreitert sich auf einem Abschnitt von etwa einem Kilometer in Richtung Alcúdia. Zum Sonnenbaden kann man Liegen und Sonnenschirme mieten. Außerdem gibt es kleine Segelboote, Kajaks und Tretboote, und Tauchkurse werden angeboten.

Cala Barques ist die größte Bucht von Cala Sant Vicenç

Die Bucht von Alcúdia

Der etwa zwölf Kilometer lange, breite Sandstrand fällt sanft zum Meer hin ab. Die Strandpromenade in Port d'Alcúdia ist sehr verbaut, aber weiter hinten wird es ruhiger. Einer der schönsten Abschnitte ist **Platja de Muro**, wo einige Kilometer zur Schutzzone erklärt wurden und mit Kiefern und Tamarisken bestandene Dünen den feinen, weißen Strand begrenzen. Parken Sie an einem der ausgewiesenen Parkplätze, und gehen Sie über die Dünen. Energiegeladene können surfen, Wasserski fahren, Gleitschirm fliegen oder Tretboot fahren. Für eine Auswahl an Cafés, Bars und Restaurants empfiehlt sich der Strand von **Can Picafort**. Dahinter liegt **Son Baulo**, wo die Küste felsig wird und die Bebauungszone endet. Parken Sie in der Nähe des Hotels Son Baulo, und wandern Sie entlang der felsigen Küste (Vorsicht bei hohem Wellengang!) in etwa zwanzig Minuten zur Son Real Necropolis, einem direkt ans Meer grenzenden Friedhof aus dem Jahre 700 v. Chr. Archäologen entdeckten trepanierte Schädel, eine alte Art des Aderlasses, bei der der Schädel mit einem spitzen Stein durchbohrt wurde. Auf der vorgelagerten Insel wurden die sterblichen Überreste von 230 Menschen gefunden; es gibt noch alte Grabstätten, aber über die Jahrtausende wurden viele vom Wasser erodiert.

Colònia de Sant Pere

Der nur 130 Meter lange Strand von Colònia de Sant Pere liegt abseits der Touristenpfade. Es fällt allerdings schwer, sich die Gegend als den Jagdgrund des Königs vorzustellen, reichlich ausgestattet mit Wildschweinen, wie es vor siebenhundert Jahren der Fall war. Die kleine Stadt hat einen Yachtclub und einen Hafen, der mittels Schleusen geschützt wird. Die felsige Küste eignet sich hervorragend zum Schnorcheln.

Can Picafort liegt im Zentrum der großen, sandigen Bucht von Alcúdia

Cala Ratjada

Dieser geschäftige Badeort ist vor allem bei Seglern, Windsurfern, Wasserskifahrern und Schnorchlern beliebt. Der längste Strand ist **Cala Agulla** nördlich von Cala Ratjada. **Font de Sa Cala** im Süden ist lebhafter und bietet bessere Wassersportmöglichkeiten.

Cala Mesquida

Dieser nördlich von Cala Ratjada gelegene Streifen aus Sand und Dünen wurde zur Schutzzone erklärt. Vom großen Parkplatz geht man über die Dünen zum Strand. Bei starkem Wind und hohen Wellen pilgern Surfer von der ganzen Insel hierher.

Cala Millor

In Cala Millor säumt ein zwei Kilometer langer Sandstrand das Meer. Die Strandpromenade ist mit Hotels, Apartmentanlagen, Geschäften und Restaurants zugebaut. Der Nachbarort **Cala Bona** mit Fischerhafen ist kleiner und ruhiger.

KLEINE PAUSE

An der Uferpromenade von Port de Pollença befindet sich das Katy's, dessen einfache Küche selbst den Hungrigsten zufrieden stellt (Passeig Vora Mar 65; Tel. 971 866078).

STRÄNDE: INSIDER-INFO

Geheimtipp: Sollten Sie im Frühling hier sein, halten Sie Ausschau nach den Prozessionsraupen, die in den Aleppo-Kiefern hinter den Stränden nisten. Fassen Sie die giftigen Tiere aber lieber nicht an.

Römisches Pollentia

Zum Verständnis der frühen Geschichte Mallorcas empfiehlt sich ein Besuch der römischen Stadt Pollentia (»Macht«), die an der Stelle des heutigen Alcúdia nach der Eroberung Mallorcas durch die Römer im Jahr 123 v. Chr. gegründet wurde. Siedler vom Festland, der römischen Provinz Hispania, wurden auf die Insel gebracht, die lateinische Sprache eingeführt und die Talayot-Kultur nach und nach unterdrückt.

Mehr als fünfhundert Jahre war Pollentia eine mächtige Stadt, aber dann zogen die Bewohner ins heutige Pollença, welches sie nach ihrer alten Hauptstadt benannten. Die Ruinen von Pollentia, von denen die meisten südlich der San-Jaime-Kirche in Alcúdia liegen, sind die bedeutendsten auf Mallorca.

Die Brücke

Die Pont Roma nahe des nördlichen Eingangs zur Stadt Pollença, nicht im römischen Pollentia, überspannt den San Jordi, der nur nach starkem Regenfall in den Bergen Wasser führt. Die Brücke gehört zu dem von den Römern nach der Besiedelung der Insel im Jahr 123 v. Chr. erschlossenen Straßennetzwerk. Die Hauptsäule und ein Brückenbogen stammen aus der Zeit des Römischen Reiches, während der Rest im Lauf der Jahrhunderte immer wieder aufgebaut wurde. Einige auf Privatland einen Kilometer nördlich stehende Aquäduktbögen waren Teil eines Systems, das Wasser aus den Bergen zur 14 Kilometer südöstlich gelegenen Stadt Pollentia (nun Alcúdia) transportierte.

180 C4 | Nordrand von Pollença | frei

Im Frühjahr führt der Fluss unter der römischen Brücke von Pollentia Wasser

KLEINE PAUSE

Von der nahe gelegenen, einfachen aber freundlichen Bar Pont Roma (Carrer Bartomeu Aloy, 24, Tel. 971 532485) hat man einen schönen Blick auf die dahinter liegenden Berge. Die Bar serviert guten Kaffee und leckere Tapas.

Museu Monogràfic de Pollentia

Dieses in einem gotischen Krankenhaus aus dem 14. Jahrhundert untergebrachte Museum vermittelt einen Eindruck vom Alltag im alten Rom. Zu den Ausstellungsstücken gehören eine Sammlung von Tonscherben, landwirtschaftliche Geräte, Werkzeuge, medizinische Instrumente und aus Knochen hergestellter Schmuck. Daneben sind Öllampen aus Ton, Theatermasken und Kultobjekte ausgestellt. Zu den bemerkenswertesten Skulpturen gehören die verschleierte Büste von Augustus, der Bronzekopf eines jungen Mädchens und die weiße Marmorstatue eines Offiziers, dessen Brustplatte mit mythologischen Bildern verziert ist. Eine Bronzetafel aus dem Jahre 10 v. Chr. beschreibt die Eroberung von Bacchoris.

In den Ruinen fand man den Grabstein von Callus Asinius, einem verbannten römischen Verräter

---

180 C4
Carrer Sant Jaume, 30, Alcúdia
971 547004
Di–Fr 10–13.15, 15.30–17.15 Uhr;
Sa–So 10.30–12.45 Uhr
€

Die Stadt

Pollentia erreichte seine Blütezeit im 1. Jahrhundert v. Chr., und die Römer waren die Ersten, die städtisches Leben nach Mallorca brachten. Sie kultivierten Trauben und pflanzten Olivenbäume. Die mauerbewehrte Stadt erstreckte sich über eine Fläche von zwölf Hektar. Das Ausgrabungsgebiet gibt eine Idee vom Grundriss der Stadt, zu der verschiedene Anwesen gehörten: Das Haus der zwei Schätze, in dem man zwei Verstecke mit Bronzemünzen entdeckte, bestand aus mehreren, um einen zentralen Vorhof gruppierten Räumen; im Haus mit dem Bronzekopf fand man 1948 den Bronzekopf eines jungen Mädchens. Einst überspannte ein auf Säulen ruhendes Dach die Arkadenstraße zwischen diesen beiden Häusern.

---

180 C4
gegenüber der Kirche San Jaime und der Stadtmauer, Alcúdia
Die–Fr 10–13.15, 15.30–17.15 Uhr;
Sa–So 10.30–12.45 Uhr
€

Gymnasium und Forum

Beide Bereiche werden noch freigelegt und sind nur von einem von Mauern umgebenen Weg einsehbar, der von der römischen Stadt zum Theater führt. Das Gymnasium war dreißig Meter lang. Bisher wurden zehn Basen von Säulen freigelegt.
Am 26 Meter breiten Forum fand man mehrere Statuen und gravierte Steine. Auf dem Platz standen ein großer und zwei kleinere Tempel, einige Läden und möglicherweise ein Gerichtsgebäude.

Das Theater

Dieses vor mehr als zweitausend Jahren auf einem Hügel erbaute Theater ist mit einem Durchmesser von 75 Metern das kleinste römische Theater Spaniens. Es fasste 2500 Zuschauer und bot Theateraufführungen, jedoch keine Gladiatorenkämpfe oder Vorführungen wilder Tiere. Die zehn in einem Halbrund angeordneten Sitzreihen, das Orchester und die rechteckige Bühne sind noch relativ intakt. Testen Sie die ausgezeichnete Akustik. An der Rückseite des Theaters befinden sich prähistorische Höhlen, und in die Steinsitze sind mehrere mittelalterliche Grabkammern in Trapezform gehauen. Die Freilegung begann 1952.

Mit etwas Phantasie kann man noch die römischen Zuschauer im Theater hören

180 C4
0,5 km von der Straße Alcúdia–Port d'Alcúdia (C-713) entfernt
immer
frei

RÖMISCHES POLLENTIA: INSIDER-INFO

Geheimtipp: Als die katalanischen Christen die Insel im 13. Jahrhundert übernahmen, begannen sie schon bald mit dem Bau von Kirchen, von denen eine der Ersten noch immer steht: das Oratori Santa Anna (nur morgens geöffnet), ein paar hundert Meter südlich der Ruinen. Sie wurde im 13. Jahrhundert im gotischen Stil erbaut. Über dem Eingang befindet sich ein Steinrelief der Jungfrau Maria mit dem Jesuskind, das eine Friedenstaube in den Händen hält. Im 17. Jahrhundert wurde das Oratorium als Krankenhaus für kranke Seeleute genutzt. Anlässlich der Fiesta Santa Anna am 8. September finden eine Prozession und ein Pferderennen sowie ein Wettlauf in der Nähe statt.

Alcúdia & Port d'Alcúdia

Versteckt hinter stabilen Verteidigungsmauern liegt die hervorragend erhaltene Altstadt mit hübschen Läden und Renaissancepalästen in schmalen, schattigen Straßen. Vandalen plünderten die alte römische Hauptstadt Pollentia; die Mauren bauten die Stadt *al-kudia* (»kleiner Hügel«) wieder auf. Die Spanier errichteten die mittelalterlichen Schutzwälle. Im 20. Jahrhundert entwickelte sich der Hafenbereich zu einem bedeutenden Industriehafen, die Stadt zu einem der größten Urlaubsgebiete an der Ostküste.

Der Rathausturm von Alcúdia überragt die Stadt

Die zwei Städte befinden sich auf einer Landzunge, welche die Buchten von Pollença und Alcúdia voneinander trennt. Von einem Ende zum anderen sind es neun Kilometer. In beiden Städten sind die attraktivsten Straßen Fußgängerzonen, was einen entspannten Bummel durch den kompakten Kern der Altstadt von Alcúdia ermöglicht. Im hochmodernen Port d'Alcúdia kann man auf der neuen Promenade vom Fischerhafen zum Anfang des Strandes flanieren. Ein Pendelzug (€) fährt im Sommer von Port d'Alcúdia bis nach S'Albufera.

Die Stadtmauern

Alcúdia besitzt zwei Stadtmauern: Die Innere ist etwa siebenhundert Jahre alt, die Äußere stammt aus dem 17. Jahrhundert. 1963 wurden beide Mauern zum kunsthistorischen Erbe erklärt, obgleich man die innere Mauer nach und nach fast vollständig erneuert hatte. Die aus dem Mittelalter datierenden, gewölbten Stadttore und die eckigen Türme Xara oder Moll und Mallorca oder Sant Sebastià sowie das zur Straße nach Palma zeigende Haupttor sind zum großen Teil im Original erhalten. Hier ist auch ein Rest des Wassergrabens zu sehen. Von den acht Bastionen der äußeren Befestigungsanlage stehen nur noch Sant Ferran mit der Stierkampfarena (Kämpfe: im Sommer Do nachmittags) und einige Mauerabschnitte im Westen.

180 C4 frei

Das Hafentor wurde 1298 errichtet

Die Bibliothek

Alcúdia besitzt eine wunderschöne Bücherei, die in einer restaurierten, fünfhundert Jahre alten Villa im Renaissancestil eingerichtet wurde. Die Can-Torro-Bibliothek ist für jeden zugänglich, man kann sich dort wunderbar entspannen und Zeitung lesen, e-mails abrufen oder die Skulpturen im erlesenen Innenhof bewundern. Die 1990 eröffnete Bücherei wird von der Kommune und der Bertelsmann-Stiftung finanziert. Die angrenzende Can Fondo zeigt das älteste Wappen der Stadt.

San Jaime

Die schlichte Pfarrkirche San Jaime, das höchste Gebäude der Stadt, wurde im frühen 14. Jahrhundert errichtet. 1870 stürzte ein erheblicher Teil ein, wurde aber kurz darauf wieder aufgebaut. Über dem Vordereingang befindet sich ein Bild des hl. Jakob, des Schutzheiligen von Spanien und Alcúdia. In einer

Die Kirche San Jaime ist ein Wahrzeichen der Nordostküste

Nische neben der Hauptkapelle steht eine etwa aus dem Jahre 1500 datierende Holzschnitzerei Jesu Christi. Im Jahre 1507 litt die Stadt unter einer schweren Dürre, so dass die Stadtbewohner die Statue zur nahe gelegenen Höhle San Marti trugen und dort um Regen beteten. Nach der Legende schwitzte die Statue daraufhin Blut und Wasser. Der ersehnte Regen kam, die Ernte war gerettet und eine Kapelle wurde errichtet.

Der Hafen

Der Hafen besteht aus den Industriedocks im Norden, dem Fischerhafen und einem modernen Yachthafen. Südlich des Hafens erstreckt sich einer der größten und schönsten Strände (➤ 115) der Insel. Entlang der Küste und im Landesinneren dehnen sich zahlreiche Hotels und Apartmentanlagen, Restaurants und Läden aller Art aus sowie die größte Anzahl von Diskotheken östlich von Palma, die bis in die Morgenstunden geöffnet sind. Man hat die Auswahl zwischen ohrenbetäubender Musik im Menta (➤ 132), zahlreichen Karaoke-Bars oder Unterhaltern in verschiedenen Hotels in Port d'Alcúdia.

KLEINE PAUSE

Auf der Plaça Constitucio nahe dem Rathaus gibt es mehrere Cafés, wo Sie in der Sonne sitzen und die Atmosphäre genießen können.

PORT D'ALCÚDIA: INSIDER-INFO

Top-Tipps: Kinder lieben die Gokart-Piste sowie den Hidropark (Tel. 971 891672; geöffnet Mai–Okt. tägl. 10–18 Uhr) mit zahlreichen Wasserrutschbahnen, Bootsteichen und der 54-Loch-Minigolfanlage.

• Mit dem Fahrrad können Sie die zwei Alcúdias sowie die römischen Ruinen leicht besichtigen. Die Gegend ist relativ flach, es gibt mehrere ausgewiesene Fahrradwege, und Parkplatzprobleme entfallen.

Geheimtipp: Eine Fahrt über das Cap de Pinar, die Landzunge zwischen den Buchten von Pollença und Alcúdia, führt zur abgelegenen Einsiedelei La Victoria aus dem 17. Jahrhundert, einer festungsartigen Kirche und einem Wallfahrtszentrum mit Blicken über die Bucht.

Artà & Ses Païsses

Kirche und Burg dominieren die auf einem 180 Meter hohen Hügel gelegene historische Stadt Artà. Menschen siedeln hier schon seit mindestens 3000 Jahren, wie die bronzezeitliche Siedlung Ses Païsses vor den Toren der Stadt belegt. Die Burg war ursprünglich eine römische Kaserne, später eine arabische Festung und dann eine christliche Kirche. Heute ist die Stadt für Korbwaren aus Raffiabast bekannt, aus denen Espadrilles, Hüte und Körbe für die beiden Wochenmärkte entstehen.

Der zehnminütige Aufstieg zum Santuari de Sant Salvador lohnt nicht nur wegen der Panoramaaussicht über die Dächer der Stadt und den Schweine- und Pferdekoppeln zwischen den Bäumen, sondern auch wegen des Heiligtums selbst, in dem sich Porträts zweier mallorquinischer Helden – Jaime I. und Ramón Llull – befinden. Ausgangspunkt ist das Rathaus. Von dort führt der Weg vorbei an der Pfarrkirche Transfiguració del Senyor und auf einer langen, von Zypressen gesäumten Steintreppe hinauf

---

Ses Païsses
181 E3
2 km südlich von Artà
619 070010
tägl. 10–19 Uhr im Sommer, 10–17 Uhr im Winter
€

Blick von der Kirche Sant Salvadore über die erdfarbenen Dächer von Artà

Die Festung von Artà erstreckt sich über 4000 Quadratmeter

zum Heiligtum. In der einfachen Bar vor dem Heiligtum, die auch Souvenirs verkauft, gibt es phantastische Paella. Spazieren Sie auf dem Wehrgang entlang.

Ses Païsses, die repräsentativste und am besten erhaltene bronzezeitliche Siedlung der Insel, liegt zwei Kilometer südlich von Artà. Eine massive, wegen ihrer Größe Zyklopenmauer genannte Einfriedung umgibt den Komplex. Innerhalb der Mauer befinden sich etwa sechzig aus Stein gehauene Wohnräume, die von 1200 v. Chr. bis zur Ankunft der Römer etwa tausend Jahre später bewohnt waren. Das auch heute noch genutzte Hauptportal besteht aus großen, bis zu acht Tonnen schweren Felsblöcken.

In dem Eichenhain am Eingang zu Ses Païsses steht ein von Flechten geschwärztes Denkmal, das an den Bischof der Insel, Dichter und Schriftsteller Miguel Costa i Llabera erinnert. Im Jahre 1900 inspirierte ihn Ses Païsses zu seinem *Vermächtnis des griechischen Genies*, einem Epos über einen Liebestod: Die Priesterin Nuredduna, Enkeltochter des Hohenpriesters der örtlichen Talayot-Kultur, verliebt sich in einen griechischen Wanderer und seine Musik. Es ist Homer, der von den Talaioten zu Unrecht angeschuldigt und zum Tode verurteilt wird. Während er, auf seinen Tod wartend, die Leier spielt, überzeugt Nuredduna die Beamten, ihn doch lieber langsam in einer Höhle sterben zu lassen. In der Nacht schlüpft sie zu ihm in die Höhle und befreit ihn. Er entkommt, lässt aber seine Leier zurück. Das Volk entdeckt die Tat rasch. Als Nuredduna zu Tode gesteinigt wird, hält sie Homers Leier als Symbol ihrer Liebe in den Armen. 1947 wurde eine Oper mit Namen *Nuredduna* nach dem Epos komponiert.

Innerhalb des Dorfes ist der Weg gut ausgezeichnet. Der zentrale *talaiot* (Wachturm) aus dem Jahre 1200 v. Chr. ist das älteste Bauwerk der Stadt. Im Fundament eines der Räume beim Wachturm findet sich ein in Stein gehauenes Kohlenbecken, in dem die glühenden Kohlen von Tag zu Tag aufbewahrt wurden. Die drei rechteckigen Räume dienten wahrscheinlich als Wohnräume, der hufeisenförmige als Krematorium.

KLEINE PAUSE

Wandern oder fahren Sie im Zentrum von Artà hinauf zum Sant Salvador Café (Plaça San Salvador), und essen Sie dort eine Paella.

ARTÀ & SES PAÏSSES: INSIDER-INFO

AUßerdem: Zu den Ausgrabungsfunden im Artà-Museum gehören unter anderem Tonscherben, kleine Gegenstände aus Stein und Knochen sowie Werkzeuge aus Kupfer und Bronze. Im Museum werden auch andere Fundstücke wie Öllampen und Figuren ausgestellt, die vermutlich talaiotische Söldner aus den Punischen Kriegen (264–146 v. Chr.) mit zurück in ihre Heimat gebracht hatten. Das Museum ist wegen Renovierung geschlossen und soll im Mai 2005 wiedereröffnen.

Der moderne Eingang zu Ses Païsses sieht genauso aus wie vor 3000 Jahren

Nach Lust und Laune!

1 Pollença

Trotz seiner Beliebtheit bei dort lebenden Briten und ausländischen Künstlern bleibt Pollença eine typisch mallorquinische Stadt, die man am besten an einem Sonntagvormittag besucht, wenn auf dem Hauptplatz der farbenfrohe Markt stattfindet. Eine der Hauptattraktionen ist die 365 Stufen zählende, breite Steintreppe, die, von stattlichen Zypressen flankiert, vom Stadtzentrum auf den Kalvarienberg mit der Kapelle hinaufführt. Oben hat man einen tollen Blick über die Stadt, die umliegenden Täler und Berge.

Die Bewohner von Pollença waren schon immer Förderer der schönen Künste, weshalb es viele gute Kunstgalerien und interessante Originalkunstwerke in Banken, Cafés und öffentlichen Gebauden gibt. Das jeden Sommer stattfindende Musikfestival lockt international renommierte Musiker zu Konzerten im wunderschönen Kloster Santo Domingo. Für einen Einblick in die örtliche Kunstszene lohnt ein Besuch des Museu Dionis Bennàssar im ehemaligen Haus des gleichnamigen Künstlers (1904–67). Das elegante Wohnhaus aus dem 17. Jahrhundert, auf dessen Vorderseite ein großes, rotes Banner hängt, wurde liebevoll restauriert und zeigt Bennàssars lebendige Landschaften, Seestücke und Bilder mit Menschen aus der Region. In der Nebensaison findet am Samstagmittag ein Konzert statt, während man die impressionistische Kunst bewundern kann, danach reicht das Museum Aperitifs.

181 B4

Carrer Roca, 14, Pollença

Vom Kalvarienberg führen Stufen bis in den Ort

971
530997
Di–So 11–13 Uhr
€

2 Coves de l'Alzinaret

Die historischen Begräbnishöhlen in den Außenbezirken von Cala Sant Vicenç, die ein britischer Archäologe 1927 erforschte, gehören zu den wenigen Überresten der prätalaiotischen Kultur (vor 1500 v. Chr.). An der ersten Abzweigung nach links markieren ein hoher Birkenbaum und ein zwei Meter hoher Talayot den Eingang zu dem Park, in dem sechs Höhlen für die Öffentlichkeit zugänglich sind. Eine Schautafel erläutert die Geschichte der Begräbnisstätten, in denen man Überreste von Menschen aus der mittleren Bronzezeit (um 1700–1400 v. Chr.) fand. Folgen Sie dem kurzen Fußweg nach rechts durch die Kiefern, Johannisbrotbäume und immergrünen Eichen zur ersten von vier lang gezogenen Höhlen. Die vier nebeneinander liegenden, aus dem Bronzezeitalter stammenden Höhlen erzählen jedoch nur wenig vom Leben in prätalaiotischer Zeit, da die Ausgrabungsschätze in das Museum in Pollença gebracht wurden.

Die Höhlen bestehen aus kleinen, rechteckigen, in den Stein gehauenen Vorhöfen, von denen schmale, an Iglus erinnernde Vorbauten zu den Grabkammern führen. In einigen der kleinen, rechteckigen (etwa 1 m langen) Höhlungen entdeckte man Skelette in Fötalposition. Die letzten zwei Höhlen, die gerundet sind, dienten wahrscheinlich als Wohnhöhlen.

180 B4
Wegweiser an der Straße von Pollença nach Cala Sant Vincenç
frei

6 Muro

Dieser kleine Ort im Zentrum des landwirtschaftlichen Gebietes ist vor allem wegen des ethnologischen Museums, einer Nebenstelle des Museu de Mallorca in Palma, bekannt. Das Museu Etnòlogic ist in einem Stadthaus aus dem 17. Jahrhundert untergebracht und zeigt Rekonstruktionen alter Räume. Zu den interessantesten Stücken gehört die Sammlung von *siurells*, Tonpfeifen in Form von Menschen und Tieren, die in Mallorca seit über tausend Jahren hergestellt werden. Ein weiteres Kennzeichen von Muro ist die einmalige Stierkampfarena aus weißem Stein, die 1910 in einem Steinbruch erbaut wurde und in der auch heute noch gelegentlich Stierkämpfe stattfinden.

180 B3
Carrer Major, 15
971 717540
Di–Sa 10–19 Uhr,
So 10–14 Uhr
€

8 Capdepera

Die Landschaft zwischen Artà und der Küste wird von den zinnenbewehrten Mauern einer Burg aus dem 14. Jahrhundert dominiert. Nach einem Besuch von Artà lohnt es sich auf jeden Fall, die zusätzlichen Kilometer nach Capdepera zu fahren und vom Hauptplatz die Stufen zur Burg zu erklimmen. Von den Befestigungsanlagen hat man eine gute Sicht auf Cala Ratjada (➤ 116), einem geschäftigen Seebad an Mallorcas Ostspitze. Südlich von Capdepera führt eine Nebenstraße zu den Coves d'Artà (➤ 141), die genauso interessant sind wie die besser bekannten Höhlen von Drac (➤ 138).

180 E4 Burg 971 818746
April–Okt. tägl. 10–20 Uhr; Nov.–März tägl. 10–17 Uhr
€

Wohin zum … Übernachten?

Preise: Die Preise beziehen sich auf das günstigste Doppelzimmer während der Hochsaison, Mehrwertsteuer inbegriffen. In der Nebensaison können die Preise bis zu 50 Prozent niedriger liegen. Das Frühstück ist gewöhnlich inbegriffen.
€ unter 60 € **€€** unter 120 € **€€€** über 120 €

Aparthotel Flora €

Freundliches Personal, eine hauseigene Bar/Café, Pool, wenige Schritte zum Sandstrand und schöner Blick machen dieses Apartmenthotel das ganze Jahr über zum Favoriten von Fahrradfahrern und Wanderern. Alle Apartments haben Balkone und verfügen über ein Schlafzimmer und ein Wohnzimmer, auf dessen Schlafcouch zwei weitere Personen untergebracht werden können. Die Kochnische umfasst Kühlschrank, Herd und Toaster.

180 B5
Carrer Méndez Núñoz, Port de Pollença
971 866176; Fax 971 866322

Apartamentos Marina €

Diese am Strand gelegenen, modernisierten Einheiten mit spektakulärer Sicht auf die Bucht sind vielleicht das beste Angebot auf der Insel, aber man sollte besser lange im Voraus buchen, wenn man nicht leer ausgehen will. Das Apartmenthotel liegt mitten in der Stadt, nur zwei Gehminuten vom Strand, einem Zeitungshändler, dem Yachthafen und vielen Geschäften entfernt. Täglicher Zimmerservice.

180 B5
Passeig Angfada Camarasa, 7, Port de Pollença
971 867143; Fax 971 865093

Hostal Bahia €€

Bei diesem kleinen familienbetriebenen Hotel kann man nichts falsch machen. Die Besitzer sind fast immer im Haus und tun alles, um die Gäste zufrieden zu stellen. Am Strand der Uferpromenade, fünf Minuten vom Ortszentrum entfernt, bietet das Hostal alle modernen Annehmlichkeiten und verfügt zudem über ein beliebtes Strandrestaurant. Besonders schön ist die Ausstattung mit Antiquitäten.

180 B5
Passeig Voramar, 17, Port de Pollença
971 866562; Fax 971 865630

Illa d'Or Hotel €€€

Dieses Tradition und Bequemlichkeit kombinierende, direkt am Strand gelegene Hotel gibt es schon seit 1929. Das Hotel verfügt über einen eigenen Strand, einen Pier, ein geheiztes Hallenschwimmbad und Whirlpool, Pool, Fitnessraum und Sauna. Zum Stadtzentrum sind es nur zehn Minuten entlang der Uferpromenade. Selbst wenn Sie hier nicht Gast sind, können Sie auf der Strandterrasse einen Abendtrunk genießen.

180 B5
Passeig Colom, 265, Port de Pollença
971 865100; Fax 971 864213;
e-mail: illador@fehm.es; www.soposa.es

La Moraleja Hotel €€€

In Cala Sant Vicenç, wo die Sierra Tramuntana zum Meer hin abfällt, liegt dieses kleine, versteckte Schatzkästlein voller Antiquitäten und Kunstwerke und einer Autosammlung von Vorkriegsmodellen. Alle 17 Zimmer befinden sich in einem den luxuriösen Gesellschaftsräumen der Hauptvilla angeschlossen Nebengebäude. Falls die Strände zu überfüllt sind, kann man auf zwei Pools mit Sonnenterrassen in den großzügigen Gartenanlagen ausweichen.

180 B5
Avinguda Cavall Bernat, Cala Sant Vicenç
971 5 34010; Fax 971 533418;
e-mail: lamoraleja@fehm.es;
www.lamoraleja.net

Parc Natural Hotel €€€

Sie werden den breiten, weißen Sandstrand und die spektakuläre Aussicht genießen. Die Pools und die Quelle sowie mallorquinische Skulpturen gehören zur luxuriösen Ausstattung dieses Hotels. Mehrmals die Woche wird für Abendunterhaltung gesorgt. Das Essen ist gut und der Service ausgezeichnet.

180 C4
Platja de Muro, Carretera Port d'Alcúdia-Artà
971 892017; Fax 971 890345

Sis Pins €€

Bougainvilleen umranken die Arkadenbögen dieses charmanten Belle-Epoque-Hotels. Fragen Sie nach einem Zimmer mit Meerblick. Sis Pins wurde von der Crew der englischen TV-Serie *Coronation Street* entdeckt, aber auch Agatha Christie wohnte schon hier.

180 B5
Passeig Anglada Camarasa, 77, Port Pollença
971 867050; Fax 971 866264

Wohin zum …
Essen und Trinken?

Preise: Das **€** zeigt an, was man für ein durchschnittliches Essen pro Person inklusive Getränke, Steuern und Service ausgeben muss.
€ unter 15 € **€€** unter 30 € **€€€** über 30 €

Balada del Agua del Mar €€

Während der Koch die Küche am Laufen hält, bedient der immer freundliche Partner Pierre an Tischen im Schatten eines Feigenbaumes. Die gegrillten Schweinekoteletts sind zart und saftig, und die herzhafte Fischsuppe ist eine der besten weit und breit. Von der Terrasse blickt man auf Uferpromenade, Bucht und Strand. Obwohl die Innenausstattung sehr schön ist, sind die Tische auf der Terrasse begehrter.

180 B5
Passeig Vora Mar, 5, Port de Pollença
971 864276
April–Okt.tägl. 12–15.30, 18–22 Uhr

Bar El Casinet €€

Dies ist wahrscheinlich das beste Café der Insel – sonnige Tische an der Uferpromenade und freundlicher Service bei Tag und Nacht. Die Sandwich-Auswahl bietet für jeden Geschmack etwas. Innen gibt es einen großen Fernseher und lebhafte Musik vom Plattenteller.

180 B5
Anglada Camarass,a 15, Port de Pollença
971 866394
tägl. 8.30–4 Uhr (im Sommer)

Bar Pedro €

Die freundlichen britischen Gastgeber Giles und Robert servieren einem anhaltenden Besucherstrom Sandwiches und Tapas. Die beste Zeit für einen Besuch dieser Bar ist nach dem Sonntagsmarkt, wenn Robert Bloody Marys schüttelt.

180 B4
Carrer Cecilio Metelo, 38, Pollença
971 531565
Mi–Mo 9.30–15, 19–23 Uhr

Bar Pont Romà €

Diese einfache Bar im Westen von Pollença bereitet einen herzlichen Empfang. Die Tapas-Auswahl ist beschränkt, aber die Sicht aus einer der Nischen am Fenster auf die Sierra Tramuntana entschädigt.

188 B4
Carrer Bmé Aloy, 24, Pollença
971 532485
vom frühen Morgen bis der Letzte geht

Café Juma €

Der Hauptplatz von Pollença ist von Cafés und Restaurants gesäumt, die sonntags nach dem wöchentlichen

Markt zum Leben erwachen. Die Einheimischen sammeln sich am Club Pollença und dem Café Espanyol, doch sollten Sie der großen Tapa-Auswahl wegen in dieses vor kurzem renovierte Hotel kommen, das seit 1907 in Familienbesitz ist. Nehmen Sie sich einen Stuhl auf der Terrasse und vertiefen Sie sich in die Tapas, von *pa amb oli* mit Schinken bis zu Knoblauchkartoffeln, Salat mit Meeresfrüchten, Fleischbällchen und Hähnchenkroketten. Das Hotel ist mit Kunstwerken von Aina Cifre geschmückt, der Tochter des gegenwärtigen Besitzers.

180 B4
Plaça Major, 9, Pollença
971 633258
Di–So 8–22 Uhr

Café Mestral €€

Ein Kelchglas mit frisch gepresstem Orangensaft, ein lockeres Frühstücksbrötchen, *café con leche*, die Morgenzeitung, aufmerksame Ober und der Blick aufs Meer – kann das Leben besser sein? Verzichten Sie auf die obligatorische Paella zum Mittag- oder Abendessen, und wählen Sie stattdessen eine der dünnkrustigen Pizzen, für die das Mestral berühmt ist. Zum Café gehört auch der Laden nebenan.

180 B5
Passeig Anglada Camarassa, 63, Port de Pollença
971 864098
März–Nov. Di–So 9 bis spätabends

Ca Vostra €€€

Das Bodega-Gewölbe in diesem Keller ist zwei Stockwerke hoch, und an der Wand lehnen riesige Weinfässer aus Eiche. Im Winter sorgt ein offener Kamin für Wärme, und im Sommer blickt man von der verglasten Terrasse auf die Bucht von Pollença. Es gibt Klassiker wie gebratenes, knuspriges Spanferkel und als Nachspeise Katalanische Creme.

180 B5
Carretera Port de Pollença– Alcúdia
971 865546
Mi–So 13–15, 19–22 Uhr

El Posito €

Gehen Sie zum Mittagessen dorthin, wo die Einheimischen essen. Für den Preis eines Cocktails in einem guten Hotel bekommt man hier das *menú del dia*, ein herzhaftes dreigängiges Menu mit Wein. Der erste Gang kann ein Eintopf oder Pasta sein, im zweiten wählen Sie zwischen Fisch und Fleisch. Als Nachtisch stehen Kuchen, Pudding oder Eiscreme zur Auswahl.

180 B5 **Carrer Llebeig 8, Port de Pollença** **971 865413**
So–Fr 12.30–15.30, 19–23 Uhr

Ivy Garden €€€

Die britischen Unternehmer Keely und Billy haben kulinarische Sachkenntnis mit dem richtigen Rezept aus Eleganz und Ungezwungenheit kombiniert und einen Anziehungspunkt für die Schickeria geschaffen. Das Spinatsoufflée reizt die Geschmacksnerven genauso wie das honiggeröstete Spanferkel mit Salbeiaroma. Eine gemütlich Veranda hält die Sommerhitze ab.

180 B5
Carrer Llevant 14, Port de Pollença
971 866271
März–Mitte Dez. tägl. 19–23 Uhr

L'Aup €€€

Chefkoch José Gonzàlez ist ein Perfektionist, und das sieht man. Die Fischsuppe ist so gut, dass Sie eventuell keinen Platz mehr für den mustergültigen Seebarsch oder die gegrillte Schweinelende mehr haben. Die Lammkeule ist riesig. Im Sommer speist man auf einer überdachten Terrasse, und im Hof steht eine faszinierende Sammlung alter Kutschen und landwirtschaftlicher Werkzeuge.

180 B4
Carretera Port de Pollença–Pollença, Kreuzung Cala Sant Vicenç
971 532606
Do–Di 13–15.30, 19–23.30 Uhr

Luna de Miel €€

Wer würde in einem spanischen Seebad ein gutes chinesisches Restaurant mit Blick aufs Meer erwarten? Am Eingang zeigt ein vergoldeter Buddha den Weg nach oben. Mit der süß-sauren Suppe, den Auberginen mit Tofu, Huhn mit Mandeln oder gebratenem Schwein mit chinesischen Pilzen liegt man immer richtig.

180 B5
Passeig Saralegui, 1, Port de Pollença
971 867061
tägl. 12–16, 18–24 Uhr

Stay €€€

Diesem Fischrestaurant an der Hafenmole gebührt der Preis für den romantischsten Platz zum Abendessen in Port de Pollença. Der Fisch kommt direkt vom Fischereihafen und ist immer frisch, egal ob Seehecht oder Scholle. Wenn Sie nicht genau wissen, was Sie bestellen sollen, nehmen Sie die *parrillada*, eine köstliche Auswahl gegrillter Fische und Meeresfrüchte.

180 B5 Moll Nou, Port de Pollença
971 864013
tägl. 12.30–16, 19–22.30

Wohin zum … Einkaufen?

In jedem Seebad an der Ostküste findet man Geschäfte mit Badelaken, T-Shirts, Lederwaren, Parfüm und Keramik. Einige Geschäfte sind im Sommer bis spätabends geöffnet, so dass man auch nach dem Essen noch bummeln kann.

Lokale Spezialitäten

Lina (Economo Torres, 5, Port de Pollença) bietet die besten Preise für Lederwaren (Taschen, Gürtel, Slipper, Schuhe). Sonderangebote bestehen oft aus Restbeständen größerer Läden. Die zweite Filiale (Economo Torres, 25) bietet bessere Qualität. **Xics & Xiques** (Carrer Migjorn, 3, Port de Pollença) hat eine gute Auswahl an Kinderbekleidung. **Ensenat deli** (Roger de Lauria, 10, Port de Pollença) verkauft seit einem halben Jahrhundert *sobrasada* und Käse. Versuchen Sie das gegrillte Huhn bei einem Picknick am Strand.

Kleider

Bon Temps (Passeig Saralegui, 10, Port de Pollença) bietet preisgünstige Strand- und Badekleidung, Sonnenhüte und Schickeres.

Kunsthandwerk

Das aus dieser Region stammende Kunstgewerbe ist teuer, aber auch sehr langlebig. **Casa Maria** (Passeig Saralegui, 86, Port de Pollença) ist schon seit Jahrzehnten für handgearbeitete Stickereien berühmt. Verschnörkelte, stilisierte Blätter und Blüten in leuchtendem Blau, Rot und Grün auf weißem Leinen verzieren Tischwäsche, Servietten, Sets und Läufer für Anrichten.

Galeries Vicenç, am Kreisverkehr im Nordosten von Pollença, ist berühmt für *roba de llengues*, schwere Baumwollstoffe für Vorhänge (sehr haltbar, aber schwer zu bügeln) und authentische mallorquinische Möbel aus vergangenen Jahrhunderten. **Mestre Paco**, sowohl nebenan als auch auf der anderen Seite des Kreisverkehrs, bietet ebenfalls eine ausgezeichnete Auswahl an altem Mobilar und antiken *objets d'art*.

Artà ist bekannt für seine aus der Raphiapalme hergestellten Hüte, Matten, Körbe und Fächer, die in vielen Läden auf der Insel verkauft werden. Der samstägliche Kunstgewerbemarkt in Artà bietet sicher die beste Gelegenheit. Falls Sie den Markt verpassen, besuchen Sie den **Can Pantali** (Carrer Toni Blanes, 21), dessen Raphiawaren vom Geschäftsinhaber hergestellt werden.

Märkte an der Ostküste

Dienstag Alcúdia
Mittwoch Port de Pollença
Freitag Can Picafort
Samstag Cala Ratjada
Sonntag Pollença

Wohin zum ... Ausgehen?

Besucher dieser Gegend sind normalerweise tagsüber mit Schwimmen, Spazierengehen, Rad fahren und Wandern beschäftigt und fallen nach einem geruhsamen Abendessen ins Bett. Gleichwohl mangelt es nicht an kulturellen Aktivitäten.

Nachtleben

In Port de Pollença ist Coconuts (direkt neben dem Ivy Garden, Tel. 971 864953) der beliebteste Treffpunkt für Drinks und Musik. In Chivas Discotheque (Tel. 971 866001) hat sich der Takt seit dreißig Jahren nicht geändert, aber die Leute lieben es noch immer. Nach Mitternacht lebt Port d'Alcúdia auf, wo *la movida* in mehreren Diskotheken bis zum Morgengrauen weitergeht. Menta (auf der Avenida Tucan, Tel. 971 891972), eine beliebte Disko, verfügt über mehrere Etagen mit Bars, Lasershows und sogar einen Pool zum Abkühlen. Atoms ist ebenfalls beliebt, aber Magic übertrifft alle. In Can Picafort ist das Skau (mallorquinisch für »Trick« und »Bucht«) ein weiterer beliebter Treffpunkt für Nachtschwärmer.

Konzerte

Das renommierte Musikfestival von Pollença (Tel. 971 534012; www.festivalpollenca.org) findet im Juli und August statt. Das Festival wurde 1962 von dem britischen Geiger Philip Newman gegründet. International bekannte Künstler wie Thomas Moser, Martin Mastik, Isaac Stern und Monserrat Caballé treten in dem Kloster aus dem 16. Jahrhundert unter freiem Himmel auf.

Aktivitäten im Freien

Mallorca Balloons (Tel. 971 818182), mit Sitz in Cala Ratjanda bietet von Februar bis Oktober halbstündige und einstündige Ballonfahrten über Manacor und Petra an. Infos bei David Yazdan (Tel. 971 585803).

Vögel beobachten und Wandern

Dies ist ein beliebter Zeitvertreib in und um Pollença und Alcúdia. Das Fremdenverkehrsbüro in Cala Ratjada organisiert jeden Sonntag kostenlose halbtägige Spaziergänge.

Rad fahren

Rad fahren ist hier sowohl bei Hobby- als auch bei Sportradlern beliebt. Ausgewiesene Radwege verbinden Port de Pollença mit Pollença und Alcúdia. Südlich von Port d'Alcúdia gibt es Fahrradwege bis Can Picafort, wo man in das Vogelreservat S'Albufera abbiegen kann.

Fiestas

Die wohl berühmteste Fiesta an der Ostküste ist der Schaukampf zwischen Mauren und Christen jedes Jahr am 2. August in Pollença. Die Einwohner spielen die Nacht im Jahre 1550 nach, als die Bewohner von Pollença die Mauren verjagten.

Golf

Bei Pollença und Son Severa gibt es 9-Loch-Golfplätze. Im Gebiet um Artà findet man in Canyamel, Capdepera und Pula 18-Loch-Plätze.

Segeln

Segler und Surfer lieben die Bucht von Pollença. Man kann Kurse für eine Stunde, einen Tag oder eine Woche buchen oder nur die Ausrüstung mieten und lossurfen. Sail & Surf (am Strand in Port de Pollença) hat über 25 Jahre Erfahrung (Paseo Saralegui 134; Tel. 971 865346; Fax 971 865953; www.sailsurf-polensa.de.

Das Landesinnere

Erste Orientierung

Die fruchtbare Ebene im Zentrum der Insel vermittelt einen Eindruck davon, wie Mallorca vor der Übernahme durch die Touristen war. Busgesellschaften mögen auf der Suche nach Lederwaren und Kunstperlen nach Inca und Manacor strömen, aber zum größten Teil geht diese Gegend, unbeeinflusst von den Massen an der Küste, ihren Geschäften nach. Landhäuser und Landhotels öffnen nach und nach, und viele Güter werden von reichen Spaniern und Ausländern aufgekauft, aber dies ist noch immer die beste Gegend, um die schwer definierbare und irgendwie mythische Qualität des »echten Mallorca« einzufangen.

Um *Es Pla* (die Ebene) zu erkunden, sollte man einfach den gewundenen Landstraßen folgen, von denen viele schon zu römischer Zeit angelegt wurden. Man fährt an Windmühlen, Obstplantagen und Mandelhainen vorbei – letztere sind insbesondere im Februar, wenn Teppiche weißer Mandelblüten den Boden bedecken, ein wunderbarer Anblick. Am Wegrand liegen kleine Städte mit Kirchen aus Sandstein und Häusern mit grünen Fensterläden in schmalen Straßen. Über die Ebene verstreut ragen von Heiligtümern gekrönte Hügel auf, die Ruhe und herrliche Ausblicke bieten.

Südlich der Ebene liegt zwischen S'Arenal und Porto Cristo die abwechslungsreiche Küste mit breiten Sandstränden wie Es Trenc (beliebt bei FKK-Anhängern) und Fjorden wie Cala Figuera. Neben lebhaften Badeorten wie Cala d'Or gibt es ruhigere, mehr auf Familien zugeschnittene Badeorte wie Porto Cristo, aber der Großteil der dazwischenliegenden Küste ist zerklüftet, mit abgelegenen Stränden und Bächen, von denen einige nur mit dem Boot angefahren werden können. Die Salzpfannen von Ses Salines sind wegen ihres Vogelreichtums bekannt, während die küstennahe Insel Carbrera ein Refugium für Seevögel, Echsen und Mittelmeerschildkröten ist.

Das Leben genießen – bei herrlichstem Sonnenschein

★ Nicht verpassen!

Nach Lust und Laune!

Seite 133: Fra Junípero Serra wurde der bekannteste Missionar Nordamerikas

Höhlen, Weinkeller, Landstraßen und einige historische Klöster, in denen man übernachten kann, laden ein. Fahren Sie dienstags los, dann können Sie den Wochenmarkt in Sineu besuchen.

Das Landesinnere in zwei Tagen

1. Tag

Vormittag

Versuchen Sie, die Cuevas del Drac früh zu besuchen (Bild rechts, ➤ 138), um die langen Schlangen zu vermeiden. Nach der Tour durch die Höhlen können Sie sich eine Stunde am Strand von Porto Cristo entspannen und anschließend in einem Hafenrestaurant zu Mittag essen.

Nachmittag

Nach einer kurzen Fahrt nach Manacor (➤ 146) und einem Besuch der Perlenfabrik empfiehlt sich ein Stopp bei Oliv-Art für Souvenirs aus Olivenholz (unten rechts). Fahren Sie weiter nach Petra (➤ 142), und besichtigen Sie das Junípero-Serra-Haus und das Museum. Nach einer Kaffeepause auf dem Hauptplatz geht es zu Fuß oder mit dem Auto weiter zur vier Kilometer entfernten Ermita de Bonany. Die Kirche hat ihren Namen vom *bon any* (gutes Jahr) von 1609, als die Dorfbewohner auf dem Hügel um Regen beteten und erhört wurden.

Abend

Abenteuerlustige können in einer der weiß getünchten Zellen von Bonany übernachten. Nehmen Sie ein Picknick mit oder essen Sie in Sa Creu (➤ 152).

2. Tag

Vormittag

Fahren Sie zum Wochenmarkt nach Sineu (➤ 144) und von dort weiter nach Inca (➤ 146), und essen Sie in einem der Kellerrestaurants (oben) zu Mittag. Danach könnten Sie in den Lederfabriken stöbern.

Nachmittag

Genießen Sie eine entspannte Fahrt über die Ebene zurück zur Ostküste. Eine Nebenstraße führt von Inca auf dem Weg nach Algaida durch Sencelles. Von dort kann man einen kleinen Abstecher zur Gordiola-Glashütte (Glasbild rechts) unternehmen, welche in einem nachgebauten Schloss an der Straße von Palma nach Manacor untergebracht ist. Fahren Sie weiter nach Randa (➤ 147) und auf der kurvenreichen Straße zum Heiligtum auf dem Hügel. Von hier geht's der Landstraße entlang durch Llucmajor und Porreres nach Felanitx (➤ 147), wo ein gewundener Weg zum Santuari de Sant Salvador (➤ 151) hinaufführt. Wenn Sie nicht im Kloster essen möchten, können Sie auch nach Porto Colom (➤ 147) fahren und in einem der Restaurants am Hafen essen.

Coves del Drac

Lassen Sie sich nicht von den Menschenmassen vor diesen weitläufigen, unterirdischen Höhlen abschrecken, die zu den Hauptattraktionen Mallorcas gehören. Natürlich haben sich die Höhlen auf Besucher eingerichtet, aber sie sind noch immer so bemerkenswert und mysteriös wie bei ihrer Entdeckung im 19. Jahrhundert.

1867 verewigte der berühmte Erzherzog Ludwig von Österreich (► 101), der seinen Hof und sein Land verließ, um auf Mallorca zu leben, diese Höhlen in seinem Buch *Die Balearen*. 1895 bezeichnete Jules Verne die Cuevas als »schönste Höhlen der Welt«. Der Name Drachenhöhlen stammt von der mittelalterlichen Sage eines Drachen mit Schlangenkörper und Fledermausflügeln, der hier einen Schatz bewachte.

Die einstündige Tour, die in fünf Sprachen geboten wird, beginnt mit dem Abstieg in die Tiefe entlang eines mit Seilen abgegrenzten Weges, der durch eine siebenhundert Meter lange, kunstvoll erleuchtete Höhlenwelt führt. Einige der nach oben strebenden Stalagmiten und nach unten wachsenden Stalaktiten treffen sich in der Mitte und bilden Säulen. Achten Sie auf den schiefen Turm von Pisa, den Mönch, die Burgruinen, die Flagge und andere interessante Formationen. Entlang des Fußwegs befinden sich mehrere fünf bis acht Meter tiefe Teiche. Kalkfäden verbinden sich darin zu »Perlenketten« und gleichen in dem kristallklaren Salzwasser Korallenstöcken.

Die Besichtigungstour endet in einem unterirdischen Amphitheater, das einen etwa 177 Meter langen und dreißig Meter breiten See überblickt. Hier beschreibt ein Führer die Geschichte und geologischen Merkmale der Höhlen.

Der See wird zu Ehren des Geologen Édouard Alfred Martel, der ihn im Jahr 1896 entdeckte, Martel-See genannt. Er und der Sohn des Besitzers der Höhle sowie ein Bekannter des Erzherzogs fuhren in Faltbooten über den See.

In der Dunkelheit ertönt Musik: Der See ist die Theaterbühne. Beleuchtete Boote lösen sich aus der Dunkelheit und gleiten über den See. Auf einem Boot spielt ein Quartett klassische Musik. Der Anblick der beleuchteten Boote zwischen der mit Nadelstalaktiten bedeckten Höhlendecke und den Spiegelungen im Wasser vermittelt die Illusion von zwei Wäldern, in denen die Boote zwischen Bäumen zu schweben scheinen.

Die Aufführung gibt es schon seit siebzig Jahren. 47 Jahre lang dirigierte Jaume Vadell das Drach-Quartett und gab insgesamt 30 000 Konzerte auf dem See. Viele bekannte Tänzer, Sänger und andere Musiker traten hier auf.

Spuren beweisen, dass die Höhlen von Drac seit Tausenden von Jahren benutzt wurden

181 E1
Porto Cristo
971 820753
April–Sept. tägl. 10–17 Uhr. Führungen zur vollen Stunde; Okt.–März Führungen um 10.45, 12, 14 und 15.30 Uhr
€€€

Stalaktiten stützen die 17 Meter hohe Decke über dem See Martel

1935 wurden in den Höhlen elektrische Leitungen gelegt und ein Netzwerk aus Lichtern erleuchtete den Kalkstein; eine der ersten Anwendungen künstlicher Beleuchtung weltweit. Das Projekt wurde von dem Ingenieur Carlos Buigas (1898–1979), der für seine erleuchteten Brunnen auf der Weltausstellung von Barcelona im Jahr 1929 berühmt wurde, erdacht und ausgeführt. Buigas lehnte eine Bezahlung für die Arbeit in den Drachenhöhlen mit den Worten ab: »Diese Arbeit ist nicht bezahlbar, da sie ohnegleichen ist. Außerdem habe ich sie wegen all den Herausforderungen und schwierigen Konditionen, unter denen ich sie zu leisten hatte, sehr genossen.«

Buigas modernisierte die Installation im Jahre 1950 mit 630 Metern Unterwasserkabel. Er sagte später, die Beleuchtung des Martel-Sees sei sein Meisterwerk gewesen. Sie kommen zu Fuß oder mit dem Boot zum Ausgang.

Andere Höhlen

Auf Mallorca gibt es Tausende von Höhlen; allerdings sind die meisten nicht zugänglich. Folgende Höhlen können besichtigt werden:

Artà

181 F3
8 km südöstlich von Artà in Canyamel
971 841293
Juli–Sept. tägl. 10–19 Uhr; Okt.–Juni 10–17 Uhr
€€€

Campanet

180 A3
3 km nördlich von Campanet
971 516130
April–Sept. tägl. 10–19 Uhr; Okt.–März 10–18 Uhr
€€

Génova

179 D2
Carrer Barranç 45, Génova
971 402387
im Sommer tägl. 10–13.30 Uhr; im Winter Di–So 11–13, 16–18 Uhr Uhr
€€

Hams

181 E1
Porto Cristo
971 820988
April–Okt. tägl. 10–18 Uhr; Nov.–März 10.30–17 Uhr
€€

COVES DEL DRAC: INSIDER-INFO

Top-Tipps: Sollten Sie unter Klaustrophobie leiden, besuchen Sie die Höhlen entweder früh am Morgen, vor der Ankunft der Reisebusse, oder spät am Nachmittag. Vor den Höhlen befindet sich ein großer, kostenloser Parkplatz.

- Bitte denken Sie daran, dass manche Menschen, insbesondere Kinder, die Höhlen beängstigend finden könnten. Wenn Sie sich für die Tour entschieden haben, müssen Sie den ganzen Weg mitgehen.
- Einige Fußwege in der Höhle sind rutschig; tragen Sie deshalb gutes Schuhwerk.

Geheimtipp: Kinder mögen das kleine Aquarium gegenüber dem Parkplatz bei den Höhlen.

4

Petra

Petra ist eine kleine, aber bekannte Stadt. Sandfarbene Häuser in einem Netz schmaler Straßen demonstrieren, wie Mallorca im Mittelalter ausgesehen hat. Außerdem wurde hier Fra Junípero Serra (1713–84), Mallorcas berühmtester Sohn, geboren.

In einer kleinen Straße in der Nähe des Franziskanerklosters, in dem Serra seine religiösen Studien begann, steht das bescheidene Geburtshaus des Gründers von neun Missionsstationen in Kalifornien. Vielleicht fühlte sich der Pionier in Kalifornien so wohl, weil es ihn an seine Heimat erinnerte.

Es ist noch immer erstaunlich, dass Pater Serra vor fast dreihundert Jahren seinen Weg so weit nach Westen fand und dabei über 3000 Kilometer zu Fuß zurücklegte. Selbst heute, da Tausende von Wanderern aus ganz Europa zusammenkommen, um die Berge, Täler und Ebenen dieser Mittelmeerinsel zu erwandern, finden nur wenige nach Petra.

Die weiß getünchte Innenausstattung des winzigen, zweistöckigen Geburtshauses von Serra besteht aus einem Salon mit einfacher Möblierung, einer kleinen Kuche mit einem offenen Feuerplatz, einem daran anschließenden Stall für den Esel der

Fra Junípero Serra stammte aus einer einfachen Bauernfamilie

Geburtshaus und Museum von Serra
180 C2 · Carrer Barracar Alt, 6–8 · 971 561149
variabel, falls geschlossen ➤ Insider-Info
Spende erbeten

Familie, zwei kleinen Schlafzimmern und einem großen Raum im ersten Stock mit Hängeregalen zum Trocknen und Aufbewahren von Tomaten, Paprika, Käse und Würsten. Der winzige Garten im Hinterhof ist eine friedvolle Oase.

Neben dem Haus gehören zum Serra-Zentrum auch eine Bücherei und ein Museum, in dem das Leben und Werk des Paters chronologisch dargestellt wird. Eine Gemäldesammlung illustriert die Arbeit spanischer Missionare in Neuspanien.

Auf der gegenüberliegenden Straßenseite des Museums befindet sich das Kloster San Bernadino, das auf Anfrage geöffnet wird. Die Innenausstattung ist besonders wegen der im Barockstil gehaltenen Seitenkapellen interessant, die verschiedenen Heiligen gewidmet sind. Pater Serra benannte seine kalifornischen Missionen nach diesen Darstellungen, zu denen San Juan Capistrano, Santa Ana, San Diego und San Francisco gehören. Diese Missionen und andere sind in neun gefliesten Gemälden in der Fußgängerzone vor dem Museum dargestellt. Andere interessante Stätten sind die gotische Pfarrkirche, in der Serra getauft wurde, und die Plaça Junípero Serra mit einem Denkmal des Paters. Seine Statue steht auch in der Ruhmeshalle in Washington D.C.

Die Mission San Diego, von Serra gegründet, ist heute noch für Besucher geöffnet

KLEINE PAUSE

Spazieren Sie zum Hauptplatz, und nehmen Sie in der Bar Els Arcs eine Erfrischung zu sich.

Die örtliche Wallfahrtstätte ist Bonany, ein Hügel, auf dem ein Kreuz der letzten Predigt von Pater Serra gedenkt, bevor er nach Amerika aufbrach. Vom Gipfel hat man einen schönen Blick über die Dorfhäuser mit ihren winzigen Gärten und Trockenmauern und über fruchtbare Felder und verfallende Windmühlen zum azurblauen Meer.

PETRA: INSIDER-INFO

Top-Tipps:

- Sollten das Geburtshaus von Serra und das Museum nicht geöffnet sein, leitet ein Schild zum Haus von Isabel, die Ihnen aufschließen wird. Obwohl der Eintritt normalerweise frei ist, bittet Isabel um eine kleine Spende zur Deckung der Instandhaltungskosten.
- Wenn Sie nur wenig Zeit haben, lassen Sie das Museum aus, denn das Haus ist interessanter.
- Miguel Oliver in Petra produziert einige der interessantesten Weine. Folgen Sie den Wegweisern zu seiner Bodega in der Ortsmitte.

Markt in Sineu

Der Mittwochsmarkt in Sineu ist einer der besten und traditionellsten der Insel. Je früher der Tag, desto größer ist die Auswahl, aber das Tempo legt im Laufe des Morgens zu. Blumenstände verkaufen Rosen, Gartenwicken, Ringelblumen, Dahlien, Gladiolen und Callas in allen Farben. Bunte Planen schützen die Stände, die frische Erzeugnisse wie die für Mallorca typischen, marinierten, bittergrünen Oliven verkaufen, vor der Sonne.

Frische Enten sind bei Mallorquinern als Sonntagsbraten beliebt

Am lebhaftesten geht es auf dem Platz vor der Kirche, Sa Plaça, zu, wo Bauern sonnengetrocknete Tomaten und Knoblauchzöpfe, Würste und Säcke voller Schnecken verkaufen. Der Markt reicht weit über den Platz in die angrenzenden kleinen Seitenstraßen hinaus, wo Händler aus Spanien und Afrika ethnisches Kunsthandwerk anbieten.

Steigen Sie die Stufen zur Statue eines geflügelten Löwen, dem Symbol von Sineu, hinauf, und gehen Sie weiter zu einem großen, offenen Platz, Plaça Es Fossar, wo Mallorcas einziger Viehmarkt stattfindet. Hier gibt es auch Stände, die neue und gebrauchte Kleidung und Haushaltswaren anbieten und Straßencafés, von denen sich das bunte Treiben gut beobachten lässt. Der Markt schließt um die Mittagszeit, wenn es die Bauern in die Kellerrestaurants zu einem Teller *frit de porcella*, einer Spezialität der Region, zieht.

Sineu befindet sich im geografischen Zentrum der Insel und im Herzen von Es Pla, der

S'Estació Museum
180 B2 Carrer Estació, 2
971 520750
Mo–Fr 9.30–13.30 Uhr und 16–19 Uhr; Sa 9.30–13 Uhr
frei

Liste der Wochenmärkte:

Auf der Insel gibt es Dutzende von Wochenmärkten, die meist vormittags stattfinden. Kommen Sie frühzeitig, um die beste Auswahl zu sehen. Fragen Sie in einem Fremdenverkehrsbüro nach einer umfassenden Liste.

Montags Manacor
Dienstags Artà
Mittwochs Sineu
Donnerstags Inca
Freitags Can Picafort
Samstags Palma
Sonntags Pollença

Einheimische Produkte bestimmen die mediterrane Küche

fruchtbaren, landwirtschaftlich genutzten Ebene, auf der bis zu drei Ernten im Jahr eingefahren werden. Seit 1319 ist die Stadt am ersten Sonntag im Mai Gastgeberin einer großen Ausstellung, auf der landwirtschaftliche Produkte verkauft werden.

MARKT IN SINEU: INSIDER-INFO

Top Tipps:
- Besuchen Sie den Markt früh am Morgen, um die am späten Vormittag ankommenden Reisegruppen zu vermeiden.
- Wenn Sie Kunstliebhaber sind, nehmen Sie sich etwas Zeit, und besichtigen Sie den alten Bahnhof, der das Kunstmuseum S'Estació beherbergt.

Nach Lust und Laune!

Perlen asu Mallorca verlieren nie ihren Glanz

2 Manacor

Mallorcas zweitgrößte Stadt ist ein Industriezentrum, das sich auf die Herstellung von Möbeln und künstlichen Perlen spezialisiert hat. Nach der einstündigen Führung durch eine der vielen Fabriken hat man die Möglichkeit, die Perlen in Form von Ohrringen, Ketten, Armreifen und anderen Schmuckstücken zu erwerben. Es ist fast unmöglich, die aus Fischschuppen und Schalentieren hergestellten Perlen von echten zu unterscheiden. Der Herstellungsprozess ist arbeitsintensiv, teuer und ein gut gehütetes Geheimnis. Auch die Werkstatt und der Verkaufsraum von Oliv-Art lohnen einen Besuch. Achten Sie auf die alten Olivenbäume und die lebensgroßen Dinosaurier davor. Olivenholz wird immer rarer, aber es ist sehr haltbar und die Maserung ist attraktiv. Ein guter Kauf ist ein Holzbrett aus Olivenholz. Die Preise sind etwa vergleichbar mit den Preisen auf den Märkten.

Oliv-Art
180 D2
Carretera Palma–Artà, km 47
971 846261
tägl. 9–18 Uhr

Majorica
181 D2
Avinguda Majorica, 48
971 550200
Mo–Fr 9–20 Uhr;
Sa–So 9.30–12.30 Uhr
frei

3 Villafranca de Bonany

Diese kleine, an der Straße von Palma nach Manacor gelegene Stadt zieht durch farbenfrohe Ladenfassaden, in denen entlang der Hauptstraße die örtlichen Erzeugnisse angeboten werden, Aufmerksamkeit auf sich. Knoblauchzöpfe, Gebinde aus Pfefferschoten (je kleiner die Schoten, desto schärfer das Aroma), Tomaten und Schwämme sowie Flaschenkürbisse in allen Größen weisen auf Lebensmittelgeschäfte hin. In der Nachbarschaft gezogene Melonen schmecken dank der perfekten Kombination aus Sonne und Erde besonders gut. Die Preise sind hier oft günstiger als sonst auf der Insel. Es gibt auch sehr günstigen, recht beachtlichen Tafelwein, für den Sie nicht einmal einen Korkenzieher benötigen.

181 B1

Zu den Höhepunkten in Villafranca gehört das Melonenfest im September

6 Inca

Vor einem Jahrhundert hatte Inca sechzig *cellars* (Bodegas), ruhige, kühle Keller, die teilweise in den Untergrund gebaut wurden, um die Temperatur des Weines zu kontrollieren, der dort gelagert und verkauft wurde. Arbeiter entwickelten den Brauch, ihre mittägliche Brotzeit dort bei einem Glas Wein zu verzehren. Die wenigen Keller, die es noch gibt, wurden in Restaurants umgewandelt, die klassische mallorquinische Küche servieren. Riesige, dunkle Eichenfässer, in denen einst der Wein lagerte, zieren noch immer die Wände, dienen aber heute nur noch als Dekoration. Jedes Fass hat hoch oben eine kleine, viereckige Tür, durch die ein kleiner Mensch schlüpfen konnte, um das Fass zu reinigen.

Einige Kellerrestaurants sind besser als andere. Can Amer (➤ 151), dessen große Fässer hier schon seit über dreihundert Jahren stehen, gehört zu den größten und besten. Örtliche Weine und die Küche des Landes werden mit effizientem Service unter den aufmerksamen Augen von Antonia Cantallops wunderbar kombiniert. Die offene Küche ist mit glänzenden alten Kupferutensilien dekoriert. Andere nahe gelegene Keller sind Sa Tavessa und Can Ripoll.

Weinkeller Can Amer
180 A3 ✉ Carrer Pau, 39, Inca
☎ 971 501261
Mo–Sa 13–15.30, 19.30–23 Uhr; Sa 13–15.30 Uhr

7 Randa

Der Gipfel des Puig de Randa, der höchste Punkt der mallorquinischen Ebene, ist schon seit Gründung der ersten Einsiedelei durch Ramón Llull im Jahre 1275 eine bedeutende Wallfahrtsstätte. Zusammen mit einem großen, hellgrünen Funkturm krönt das Kloster eine Bergkette südöstlich von Palma. Dieses auffällige Wahrzeichen in 542 Metern Höhe dient den Piloten auf dem Weg zum Son Sant Joan Flughafen manchmal auch als Richtpunkt.

Folgen Sie dem kurvenreichen Pfad auf den Berg zu Nostra Senora de Cura. Von dem Heiligtum aus dem 13. Jahrhundert ist nicht mehr viel zu sehen. Die Statue der Jungfrau Maria datiert aus dem 15. Jahrhundert. In der an die Klosterkirche angrenzenden Loggia stellen glasierte Fliesen das Leben von Maria und Jesus dar. An einem klaren Tag kann man fast die ganze Insel von hier oben überblicken. Auf der Rückseite des Klosters befindet sich ein Café. Das Kloster ist von besonderem Interesse, weil sich der Abenteurer, Mystiker, Gelehrte und Missionar Ramón Llull hierher zurückzog (➤ 149).

182 B3

8 Felanitx

Felanitx war früher einmal ein Gelehrtenzentrum, heute ist der Ort für seine Töpferwaren bekannt. Talentierte Künstler verwandeln die Tonerde in wunderschöne Keramiken. Sie werden während des Markts am Sonntagmorgen auf den Stufen der Kirche verkauft. Irdene Kochtöpfe und einfache braun glasierte Terrakotta-Teller sind eine gute Wahl. Der beste Platz zum Stöbern und Kaufen ist der große Laden Ceràmicas Mallorca am Stadtrand.

Ceràmicas Mallorca
182 D3 ✉ Sant Agustín, 50–58
☎ 971 580201
Mo–Fr 9–13 und 15–19 Uhr; Sa 10–13 Uhr

9 Porto Colom

Farbenfrohe Fischerhütten und Bootshäuser stehen dicht gedrängt um den

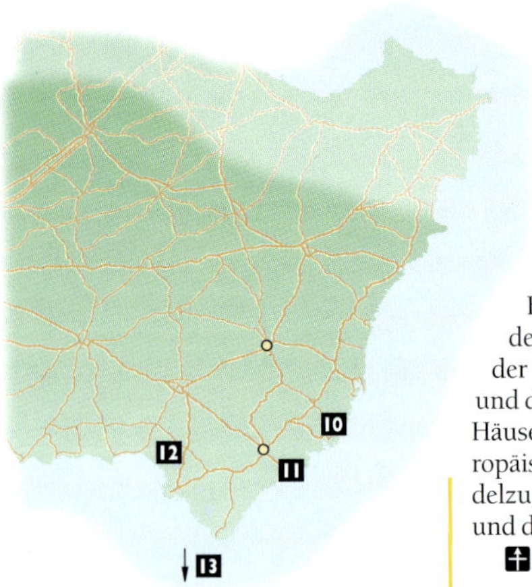

Kai dieses malerischen Fischerdorfes in einem Naturhafen am Ende einer weiten Bucht. Porto Colom, das einst als Hafen für Felanitx diente, leitet seinen Namen vom katalanischen Wort für Columbus ab und behauptet als einer von mehreren Orten, der Geburtsort des Entdeckers zu sein. Hinter dem Hafen stehen pastellfarbene Häuser, und dort steht auch die Pfarrkirche.

Cala Figuera ist bekannt als Mallorcas Venedig

Südlich vom Hafen entwickelte sich das Gebiet um Cala Marçal zu einem modernen Badeort mit einem eigenen Yachthafen.

182 E3

10 Cala d'Or

Dieser lebhafte Badeort, der sich um mehrere Strände und Buchten zieht, eignet sich besonders für Wassersportaktivitäten. Von der Stadt blickt man Richtung Afrika, und die niedrigen, weiß getünchten Häuser wirken eher afrikanisch als europäisch. Im Sommer verkehrt ein Pendelzug (€) zwischen dem Stadtzentrum und dem Yachthafen.

182 E2

Touristen-Information

Cala Llonga s/n
971 657463
Mo–Fr 8.30–14 Uhr

11 Cala Figuera

In dieser viel fotografierten Bucht, einem schmalen Meeresarm, der an die Fjorde von Galizien im Nordwesten Spaniens erinnert, reichen weiß getünchte Häuser bis hinunter ans Wasser. Fotografieren Sie die Fischer bitte nur, wenn sie damit einverstanden

sind. Mehrere kleine Cafés überblicken den kleinen Hafen. Der am nächsten gelegene Strand ist Cala Santanyi vier Kilometer weiter südlich.

182 D1

12 Salines de Llevant

An der südlichsten Spitze der Insel liegen die Salzpfannen von Salines de Llevant. Diese Art der Salzgewinnung ist überall auf der Welt gleich: Seewasser wird in großen, flachen Parzellen oder Pfannen gesammelt, mit Erde eingedeicht, und in der Sonne verdunstet die Feuchtigkeit. Aufgrund der roten Erde hat das Salz einen rosigen Hauch. In den umliegenden Büschen leben Lerchen, Grasmücken, Regenpfeifer und Stelzvögel.

182 C1

13 Cabrera

Dieser felsige Archipel vor der Südküste Mallorcas wurde im Jahre 1991 zum Nationalpark erklärt und ist als eines der letzten Wildnisgebiete im Mittelmeer geschützt. Er ist ein Refugium für Seevögel und die Balearenechse, die nur noch auf dem Archipel vorkommt.

Abgesehen von einigen Parkwächtern ist Cabrera unbewohnt, aber im Sommer kann man mit Booten von Colònia de Sant Jordi Tagesausflüge hierher unternehmen. Die Insel eignet sich zum Baden, Schwimmen und Wandern. Ein steiler Weg führt vom Hafen hinauf zur Burg, die einst als Kaserne und Gefängnis für napoleonische Soldaten diente.

Ein in einem alten Weinkeller untergebrachtes Museum erklärt die Geschichte und die komplexe Ökologie dieser faszinierenden Inselgruppe.

182 C1

Bootsausflüge: 971 649034; Nationalpark: 971 725010

Ramón Llull

Ramón Llull war der erste bedeutende katalanische Schriftsteller. Seine Statue steht auf dem Born in Palma. In der linken Hand hält er ein offenes Buch, und sein Bart fließt bis zum Gürtel seiner Franziskanerkutte. Llull wurde im Jahre 1235 auf einem Landgut geboren und hatte das Glück, zusammen mit dem Sohn des katalanischen Eroberers Jaime I., der Mallorca einige Jahre zuvor von den Mauren befreit hatte, erzogen zu werden.

Llull heiratete, hatte zwei Kinder und schien für ein durchschnittliches Leben bestimmt zu sein. Mit dreißig Jahren verließ er jedoch seine Familie, lebte fortan in Randa und widmete den Rest seines Lebens der Mission und dem Studium. Er schrieb hundert Bücher in seiner Muttersprache Katalanisch über so unterschiedliche Themen wie Gastronomie und Katholizismus und übersetzte viele davon ins Lateinische und Arabische. In Miramar in der Sierra Tramuntana gründete er auch eine Schule zur Ausbildung von Missionaren. Llull war ein bedingungsloser Anhänger der Vernunft und versuchte auf diese Weise immer wieder auch den Glauben zu erklären.

Schließlich segelte er nach Nordafrika, weil er dort die Mauren zum christlichen Glauben bekehren wollte, wurde aber von den Ungläubigen fast zu Tode gesteinigt. Der Legende nach trugen seine Anhänger ihn zum Schiff und segelten zurück nach Mallorca, aber als seine Heimatinsel am Horizont erschien, starb der 80-jährige Llull.

Wohin zum ... Übernachten?

Preise: Die Preise beziehen sich auf das günstigste Doppelzimmer während der Hochsaison, Mehrwertsteuer inbegriffen. In der Nebensaison können die Preise bis zu 50 Prozent niedriger liegen. Das Frühstück ist gewöhnlich inbegriffen.
€ unter 60 € **€€** unter 120 €s **€€€** über 120 €

Es Reco de Randa €€€

Dieses kleine, komfortable Hotel is recht bekannt, und man sollte früh im Voraus buchen. Von der Terrasse des Pools blickt man über die sanften Hügel. Selbst wenn keine Zimmer frei sind, kann man das wunderbare Essen im Hotelrestaurant genießen (➤ 152).

180 A1
Carrer Font, 13, Randa
971 660997; Fax 971 662558;
e-mail: esreco@fehm.es

Monnaber Nou €€€

Dieses alte Anwesen liegt, eingebettet in die Ausläufer der Sierra Tramuntana, etwa 15 Autominuten von den Buchten von Pollença und Alcúdia entfernt. Das Gutshaus wurde liebevoll in ein exquisites und komfortables Hotel umgestaltet, wobei man sich daran gewöhnen muss, von den Glöckchen der Schafe geweckt zu werden. Es gibt einen Pool, Tennisplätze und Leihräder (die Campanet-Höhlen liegen in der Nähe), aber es kann einem schwer fallen, sich von der schönen Terrasse loszueisen. Der Preis schließt das Frühstücksbüfett im Speiseraum ein.

180 A3
Predio Monnaber Nou, Campanet
971 877176; Fax 971 877127;
e-mail:info@monnaber.com;
www.reisdemallorca.com

Raïms €€

Der mallorquinische Winzer Javier Oliver und seine Frau Ana haben einen Teil ihres Herrenhauses aus dem 17. Jahrhundert, das im Zentrum von Algaida liegt, in fünf individuell gestaltete Apartments umgewandelt, von denen jedes nach einer Traubensorte benannt ist. Die Apartments, einige davon in den alten Wirtschaftsgebäuden, liegen um einen friedlichen Garten mit Palmen und Orangenbäumen sowie einem Swimmingpool. Das Frühstück mit mallorquinischen Spezialitäten wird im Sommer im Garten eingenommen; im Winter werden gemütliche Feuer in den Apartments entzündet. Der Weinkeller von Javier steht den Gästen immer offen.

180 A1
Carrer Ribera, 21, Algaida
971 665157; Fax 971 665799;
e-Mail: raims@raims.es;
www.raims.es

Read's €€€

Dieses in britischem Besitz befindliche Gutshaus aus dem 16. Jahrhundert liegt nur 15 Autominuten von Palma entfernt im üppigen Grün der mallorquinischen Landschaft. Das Innere ist mit zahllosen Originalkunstwerken, Antiquitäten und winzigen Silberobjekten gefüllt. In einem der vier eleganten Salons steht eine sehr arbeitsintensive Olivenpresse aus dem Jahre 1716, die einem den Luxus von Freizeit vergegenwärtigt. Moderne Annehmlichkeiten beinhalten ein Hallenbad und einen Pool, Whirlpool, Solarium, Sauna und Tennisplätze. Die Gästezimmer, von denen jedes anders eingerichtet ist, verfügen über Direktwahltelefone und Satelliten-TV. Das Hotelrestaurant erhielt Auszeichnungen von Gästen und Kritikern (➤ 152).

179 E3
Can Moragues, Santa Maria
971 140261; Fax 971 140762;
e-mail: readshotel@readshotel.com;
www.readshotel.com

Sanctuari de Sant Salvador €

Die Klöster auf Mallorca bieten eine ungewöhnliche Antwort auf die Frage, wo man übernachten soll, wenn man eng kalkulieren muss. Wenn Sie einen Mietwagen haben, können Sie einige ruhige Nächte unter den Sternen in diesem Kloster verbringen. Der Blick über die Ebene – im Norden bis zur Sierra Tramuntana, im Süden bis zur Küste und zur Insel von Cabrera – ist gleichfalls bezaubernd. Einige Zimmer verfügen über ein eigenes Bad. Die mit »Ave Maria Purissma« markierte Bar/Restaurant, hat von 9 Uhr morgens bis spätabends geöffnet. In der Empfangshalle sollten Sie die Sporttrikots von Radprofis beachten, mit denen diese, wie in den Begleitbriefen ersichtlich, der Jungfrau Maria für ihren Sieg danken. Auch die riesige Christusstatue ist sehr beeindruckend.

182 D3
4 km südlich von Felanitx
971 827282

Wohin zum ...
Essen und Trinken?

Preise: Das **€** zeigt an, was man für ein durchschnittliches Essen pro Person inklusive Getränke, Steuern und Service ausgeben muss.
€ unter 15 € **€€** unter 30 € **€€€** über 30 €

Cellar Can Amer €€€

Dieses preisgekrönte Restaurant war vor dreihundert Jahren eine Bodega, in der Wein hergestellt und gelagert wurde. Die Besitzerin Antonia Cantallops, die schon für Hunderte von Berühmtheiten, unter anderem auch für König Juan Carlos und den Präsidenten von Spanien, gekocht hat, ist die Seele des Kellers. Antonias Ehemann José Torrens (der den passenden Wein zum Essen aussucht) sowie die beiden Söhne Joan und Bartolomé bereiten in der offenen Küche das Beste der balearischen Küche zu. Ein viergängiges Luxusmenü kann aus gebratener Mandelcreme, mallorquinischem Hummer mit Zwiebeln, Entenbrust mit Oliven und Käsekuchen nach Ibizaer Art bestehen. Im Weinkeller des Can Amer lagern etwa 4000 Flaschen Wein (zu siebzig Prozent Rotwein) aus Mallorca und Spanien.

179 F3 **Carrer Pau, 39, Inca**
971 501261
Mo–Sa 13–16.30, 19.30–24 Uhr

Can Pep Noguera €€

Warum sollte man in einer Bananenplantage zu Mittag essen? Nun, weil sie da ist, auch wenn sie nicht besonders mallorquinisch ist. Die frischen Meeresfrüchte und das gegrillte Lamm sind vorzüglich, der Service effizient und elegant und das, obwohl Kinder zwischen den Tischen spielen. Wenn Sie außerhalb der Essenszeiten vorbeikommen sollten, können Sie immer noch einen Kaffee in der Bar trinken, nachdem Sie die Gärten besichtigt haben.

182 E3
Carretera Porto Colom–Porto Cristo, km 4,5, S'Espinagar
971 833355
Di–So 13–16, 19–24 Uhr

Cal Dimoni €

Algaida ist bekannt für seine traditionellen Restaurants, doch dieses Lokal an der Hauptstraße serviert eine handfestere Version der mallorquinischen Küche. In der Ecke lodert ein großes Feuer, und Kellner laufen durch den Raum, mit Tellern mit Würsten, Lammkoteletts, Brathähnchen und *pa amb oli* direkt vom Rost. Beilagen zum Fleisch müssen Sie gesondert bestellen. Der Hauswein, der im rustikalen Krug aufgetragen wird, passt gut zum Essen, und die Kellner bringen Ihnen zum Kaffee ein Glas Kräuterlikör. Der Name bedeutet »Haus des Teufels«.

180 A1
Carretera Palma–Manacor, km 21, Algaida
971 665035 Do–Di 12–24 Uhr

Es Reco de Randa €€€

Dieses Restaurant im gleichnamigen Hotel liegt fernab vom geschäftigen Treiben der Urlaubsorte in dem ruhigen Dorf Randa (➤ 150). Auf der Karte stehen Schweineleberpâté mit Mandeln und Haselnüssen und mit Kabeljau gefüllte Auberginen. Der Service ist perfekt, wenn man davon absieht, dass die Kellner die Rechnung spät bringen.

180 A1
Carrer Font, 13, Randa
971 660997; Fax 971 662558;
e-mail: esreco@fehm.es
tägl. 12.30-16, 19.30–23.30 Uhr

Monnaber Nou €€€

Speisen im puren Luxus auf einem alten, schön renovierten mallorquinischen Gut (➤ 150). Vom Speisesaal blickt man auf Oliven- und Johannisbrotbäume, unter denen Schafe grasen. Die mit Knoblauchzehen gegrillten, kleinen Lammkotelетts sind zart und knusprig, und das mit Spinat gefüllte Lamm ist himmlisch. Oder versuchen Sie den Hasen mit Zwiebeln, Tomaten und Zimt, einen mallorquinischen Klassiker. Sowohl der Mandelkuchen als auch die mit den pikanten örtlichen Zitronen hergestellte Zitronenmousse sind leckere Nachspeisen.

190 A3
4 km außerhalb von Campanet
971 877176
tägl. 13.30–15.30, 19.30–23 Uhr

Read's €€€

Wenn Sie sich richtig fein machen und zum Abendessen ausgehen wollen, sollten Sie dieses preisgekrönte Restaurant probieren. Der britische Küchenchef Marc Fosh bekam vor kurzem seinen ersten Michelin-Stern. Bringen Sie viel Zeit mit, um die Kunstwerke und Antiquitäten des Hotels zu betrachten und die umfangreichen Beschreibungen der Speisekarte zu studieren. Zu den typischen Vorspeisen gehören in der Pfanne gebratene Leberpastete mit Blutwursttempura, Apfel- und Salbeipüree mit Cabernet-Jus; Sashimi von Lachs und frischem Thunfisch, mariniert in Sojasauce mit Guacamole und Korianderöl. Hauptgerichte sind Petersfisch mit Erbsenravioli, Spargel und Sauce Brandade; gebratenes Lammfilet mit Couscous und einem Jus aus Bitterorange und Thymian. Die Nachspeisen variieren von karamellisierter Apfellasagne mit Ingwer-Eiscreme und Passionsfrucht-Karamellsauce bis zu knusprigem Feingebäck aus Orangen und Sesam mit Kokosnusssorbet. Von einem Trompe-l'Œil-Fenster an der Wand schaut Bacchus in Lebensgröße auf die Gäste.

179 E3 Can Moragues, Santa Maria
971 140261; Fax 971 140762;
e-mail: readshotel@readshotel.com;
www.readshotel.com
tägl. 13–15.30, 19.30–23 Uhr

Sa Creu €€

Hier bekommt man leckere Gerichte zu einem günstigen Preis. Nach dem dreigängigen *menú del día* (€) werden Sie sich nach einer langen Siesta sehnen. Die Tische sind mit Brotkörben, einer Schale mit sauren, grünen Oliven und einer Flasche Wein der umliegenden Winzereien gedeckt. Es gibt immer eine Auswahl an Gerichten. Der erste Gang besteht normalerweise aus einer Suppenschüssel mit kräftiger Fisch- oder Fleischbrühe mit Reis oder Nudeln. Wenn Sie die ganze Schüssel leeren, werden Sie kaum noch Platz für den Hauptgang, Kaninchen mit Zwiebeln, Kalbsschnitzel oder Seehecht mit Pommes frites haben. Beenden Sie das Essen, insbesondere wenn Sie mit dem Auto unterwegs sind, mit einem *café cortado*, einem Espresso mit einem Schuss Milch. Der *cortado* ist nicht im Preis enthalten. Sonntags kommen Familien aus der Umgebung für das große Sonntagsessen hierher. Manchmal ist das Sa Creu für festliche Anlässe komplett gebucht und für die Öffentlichkeit geschlossen.

- 180 C2
- Carretera Manacor–Inca, km 9, Petra
- 971 830246
- Mo–Do 7–20, Fr–So 7–23 Uhr

Ses Canyes €€

Dies ist eines der wenigen Restaurants, das die Mallorquiner bisher für sich behalten konnten – bis jetzt. Das Landbrot, die schwarzen Oliven und der kräftige Rotwein reichen fast als Mahlzeit aus, aber lassen Sie Platz für das Spanferkel oder die gegrillte Lammschulter, die Sie glauben lässt, Sie wären im Himmel. Hier dürfen Sie den Knochen in die Hand nehmen.

An den Fenstern hängen Vorhänge mit den typischen Zungenmustern, an den Wänden mallorquinische Landschaftsbilder. Die Ventilatoren an der Decke sorgen im Sommer für Abkühlung.

- 180 A1
- Carretera Manacor, km 15,2, Algaida
- 971 742498
- tägl. 8.30–23 Uhr

Wohin zum … Einkaufen?

Antiquitäten

Auf dem sonntäglich (9–14 Uhr) stattfindenden *rastrillo* in Consell kann man die besten Schätze, aber auch den furchtbarsten Kitsch finden. Früh am Morgen gibt es die besten Angebote und später am Vormittag strömen die Besucher hierher. Einige Verkäufer sind professionelle Händler, aber auch Einheimische und auf Mallorca lebende Briten verkaufen dort ihren Trödel. Die Preise sind meist Verhandlungssache.

Glas

Vidrieria Gordiola (Carretera Palma–Manacor, km 19) ist die älteste Glashütte auf der Insel. Man kann zusehen, wie die Glasbläser das geschmolzene Kristall auf traditionelle Art blasen und zu Öl- und Essigflaschen, farbigen Vasen, Kerzenständern, Leuchtern und kunstvollen Kronleuchtern formen. Weitere Glashütten befinden sich in **Lafiore** (km 11 auf der Straße von Palma nach Valldemossa) und in **Menestralia** (km 36 auf der Straße von Palma nach Alcúdia).

Lederwaren

Zwar gibt es in fast jeder Stadt Lederwarengeschäfte, aber Inca ist seit Mitte der Achtzigerjahre die unbestrittene Lederhauptstadt der Insel. Auf der Hauptstraße und in vielen Straßen der Stadt reihen sich Geschäfte mit Lederwaren aneinander, und nicht wenige haben sich zu Warenhäusern, Cafés und Restaurants vergrößert. Man kann beispielsweise in Anthony's Restaurant mallorquinisch speisen, während man über einen Kauf in **Anthony's Lederwarenfabrik** nachdenkt (direkt nach der Tankstelle an der Abzweigung nach Sineu auf der Hauptstraße durch Inca; Tel. 971 504266). Andere Geschäfte, wie **Albaladejo, Asinca, Munper, Pelinca** und **Yanko** bieten ebenfalls eine große Auswahl. Die Familie Albaladejo, die schon seit einem Jahrhundert Schuhe herstellt, produziert nur für ihre eigenen Läden und bietet Qualitätsmodelle.

Märkte

Abgesehen von dem berühmten, mittwochs in Sineu stattfindenden Markt (➤ 144), werden in den meisten Städten im Landesinneren und im Süden Wochenmärkte abgehalten. Die Preise sind oft niedriger als in touristischen Gebieten.

Perlen

Die Perlenfabriken **Perlas Majórica** (Av. Majórica, 48, Manacor) und **Perlas Orquidea** (Montuiri) leben in stetiger Konkurrenz. Man kann jede Firma für einen Einblick in die Herstellung der Perlen besichtigen, aber das eigentliche Rezept ist ein lange gehütetes Geheimnis. Beide Fabriken, wie auch die meisten Souvenirläden auf der Insel, verkaufen mallorquinische Perlen in vielfältigen Formen.

Wein

Wenn Sie etwas länger bleiben oder eine Transportmöglichkeit für eine Kiste haben, besuchen Sie die **Bodegues Oliver** (Tel. 971 561117) in Petra, einige Straßen vom Serra-Museum entfernt. Die sehr guten bis ausgezeichneten Rotweine stehen in einem wirklich guten Preis-Leistungs-Verhältnis.

Einkaufszentren

Festival Park (Tel. 971 140925; www.festivalparks.com) ist ein bedeutendes neues Einkaufs- und Freizeitzentrum, das 2002 in Marratxi dicht bei der Straße von Palma nach Inca eröffnet wurde. Der Komplex umfasst Factory-Outlets, Designer-Läden, einen Kunsthandwerksladen, Restaurants und Bars, Spielbereiche für Kinder, eine Kegelbahn und ein Reptilienhaus. Zu den vielen Attraktionen gehört auch ein Multiplexkino, das interessante Filme kurz nach ihrer Uraufführung in der Originalversion zeigt.

Wohin zum … Ausgehen?

Die Mallorquiner verbringen den Abend am liebsten mit Freunden in einem Restaurant, zu Hause oder in einer *finca* auf dem Lande. Das Nachtleben ist hier ziemlich eingeschränkt, und auch die Badeorte an der Südküste sind eher ruhig.

Reiten

Reiten war schon immer ein beliebter Sport in Spanien. Viele der Pferde auf Mallorca stammen von edlen arabischen Züchtungen ab. Vorausgesetzt, dass Sie ein freundliches Pferd zugeteilt bekommen, gibt es keine bessere Art, die Landschaft im Zentrum Mallorcas zu genießen: Wie Don Quijote kann man hier zwischen alten Windmühlen reiten.

Zahlreiche Reitställe offerieren Ausritte. Andere Unternehmen bieten Reitunterricht, Springen und Dressurreiten sowie geführte Ausritte in die umliegende Landschaft an. Vor einem Ausritt ist es normalerweise erforderlich, Stunden zu nehmen.

Trabrennen

Trabrennen sind ein beliebter Zuschauersport, bei dem der Jockey in einem kleinen Wagen hinter dem Pferd sitzt und es darin hindert, zu galoppieren. Die Sportart ist in Mallorca seit mindestens 200 Jahren populär. Freunde und Familien gehen oft gemeinsam zu einem Tag bei den Rennen. Die meisten Menschen setzen auch kleine Beträge auf die Pferde. Trabrennen finden jeden Sonntag im Hippodrom in Manacor statt (Carretera Palma–Artà, km 50, Tel. 550023), und zwar um 21 Uhr von Juni bis Oktober und um 16 Uhr von November bis Mai. Sie können Trabrennen auch im Son Pardo Hippodrom außerhalb Palmas an der Straße nach Sóller (Tel. 971 754031) sehen, und zwar im Juli und August am Freitagabend um 21 Uhr, sonst am Sonntag um 16 Uhr.

Sternbeobachtung

Im Dunkel der Nacht, wenn die Städte schlafen, scheinen die Sterne hier näher als irgendwo sonst auf der Welt zu sein. Astronomieliebhaber kontaktieren das Observatorium in Costitx: Observatorio Astronómico de Mallorca (Tel. 971 876019; Straße von Costitx nach Sencelles, km 1).

Sportangebote in Badeorten

Die Badeorte an der Südküste bieten Urlaubsaktivitäten wie Schwimmen, Schnorcheln, Tauchen, Segeln, Windsurfen, Tennis, Fahrradtouren und Wandern.

Touren

1 PUIG MARIA

Wanderung

LÄNGE: etwa 4 km **DAUER:** 1,5 Std. plus etwa eine Stunde Mittagspause
BEGINN: km 52 auf der Straße von Pollença nach Palma 180 B4
ENDE: siehe oben Kloster und Restaurant Tel. 971 184132

Puig Maria gehört zu Pollenças Heiligtümern und ist ein beliebter Wallfahrtsort für Einheimische und Fremde. Viele Einwohner von Pollença wandern jeden Ostermontag zum Heiligtum hinauf, um für die Segnungen des Lebens zu danken. Einige kommen aus religiösen Gründen, andere wegen der Wanderung.

1–2

Lassen Sie Ihr Auto in Pollença, überqueren Sie vorsichtig die Hauptstraße und achten Sie auf einer kleineren Straße auf den Wegweisen »Puig de Maria«. Dort beginnt die Wanderung. Der Kalksteinfelsen erhebt sich 380 Meter hoch aus der Ebene. Auf beiden Seiten liegen Weiden mit Schafen und Ziegen, Feigen- und Johannisbrotbäumen. Einige Felder sind überwuchert und wirken verlassen. Folgen Sie dem Feldweg, der mehreren Bauernhöfen und Gutshäusern vorbeiführt. Nach dem letzten Haus führt die schmale betonierte Straße im Zickzack nach oben.

2–3

Während Sie aufwärts steigen, sehen Sie gelegentlich durch die Bäume auf die roten Ziegeldächer der

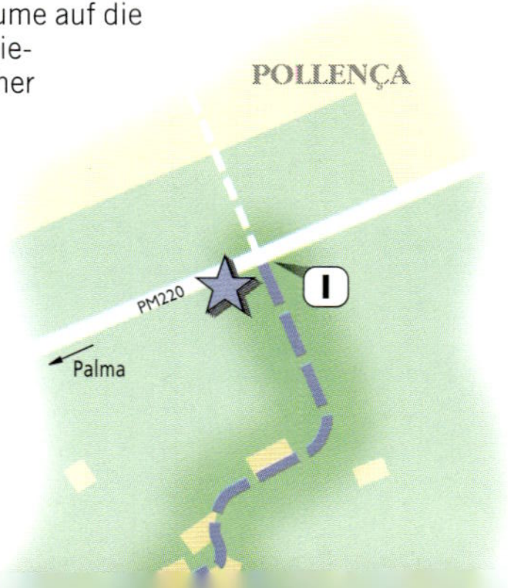

Vorhergehende Seite: La Reserva vermittelt einen Eindruck von der Serra Tramuntana

Pinien und Eichen bieten Schutz vor der glühenden Sonne

ockerfarbenen und weißen Gebäude von Pollença. Im Nordwesten erheben sich Bergketten himmelwärts. An Tagen mit guter Sicht sieht man die weißen Radiostationen, die wie zwei gigantische Golfbälle den Puig Major (1445 m) krönen. Während sich der Weg nach oben windet, macht die Kanarische Eiche der Aleppo-Kiefer Platz. Achten Sie auf die eindrucksvollen ockerfarbenen Muster auf der Rinde.

Die »Kirche im Himmel« empfängt Besucher aller Glaubensrichtungen

3–4

Der Weg verlagert sich auf die Westseite des Berges und gibt herrliche Blicke auf das Vall de Colonya und den dahinterliegenden Axartell (440 m) frei. Die Hauptstraße im Tal führt von Pollença nach Palma. Vor der Südseite des Berges liegt, etwas versteckt, der Golfclub von Pollença. Wenn Sie genau schauen, können sie einen Blick auf ein Green erhaschen.

4–5

Nach einer steilen, malerischen Kurve gelangen sie auf der Nordseite der Straße an einen kleinen Privatparkplatz. Dahinter liegt eine Höhle, aber seien Sie vorsichtig: Versteckte, dunkle Schächte führen tief in den Berg. Der Weg wird nun zu Pilgerstufen, breiten Steinstufen, die den Berg hinaufführen. Nach der zweiten Kehre sieht man auf der rechten Seite einen mit einem Kreuz markierten Felsen, der wie eine Wiege aussieht. In der kleinen Höhle daneben beten kinderlose Paare um Kindersegen. Nach weiteren Kehren sieht man durch die Kiefern und Büsche den Puig Maria.

5

Innerhalb des zinnenbewehrten Innenhofs steht der gotische Verteidigungsturm, der seit dem 15. Jahrhundert mehrmals wieder aufgebaut wurde. Hinter dem Turm, nach den Picknicktischen und den Grillplätzen, breitet sich das Panorama der Bucht von Pollença aus. Im Hintergrund sieht man die Halbinsel Formentor und das blaue Mittelmeer. Im Südosten blickt man auf Alcúdia, den Hafen, die Halbinsel und die breite Bucht.

Die Kapelle, die wahrscheinlich zu Ehren der Jungfrau Maria als Dank für die Beendigung der großen Pest erbaut wurde, stammt ursprünglich aus dem Jahre 1348. Die Legende erzählt von drei Einsiedlerinnen, die damals auf einem benachbarten Berg lebten und eines Nacht ein Licht auf dem Puig Maria sahen. Sie gingen auf den Berg, fanden ein Bild der Jungfrau und erbauten an dieser Stelle eine Einsiedelei. In der Kirche brennen, unabhängig von der Geschichte, immer Kerzen. Im 16. Jahrhundert hatten Mönche die Kapelle übernommen, doch das Tridentinische Konzil zwang sie, näher bei ihrer Gemeinde zu wohnen. Später lebten wieder Nonnen auf dem Puig Maria, die letzte verließ das Kloster 1988. Seitdem liegt die Verwaltung in Privathand. Gehen Sie hinter dem Altar von rechts nach links, um die Statue der Jungfrau Maria mit dem Kind zu sehen. Die Statue wird alle fünfzig Jahre hinunter zur Stadt getragen (das nächste Mal 2049!). Dunkle Gemälde schmücken die Wände, und in der Eingangshalle stehen Glasvitrinen mit antiker Keramik. Die wertvollsten Schätze wurden zur sicheren Aufbewahrung ins Museum von Pollença gebracht. Jeden Sonntag und bei besonderen Gelegenheiten finden in der Kapelle Gottesdienste statt.

Die Mahlzeiten werden nicht im Refektorium aus dem 15. Jahrhundert mit langen Tischen und einem Brunnen am Ende des Saals eingenommen. Gehen Sie die Treppen zum Schalter

in der Haupthalle hinauf, und klingeln Sie. Man wird ihre Bestellung aufnehmen und sie in dem kleinen angrenzenden Speisesaal servieren. Das Essen und der Wein sind gut und preiswert. Versuchen Sie die Paella oder *arros brut*. Wenn Sie ein Sandwich vorziehen, ist das *pa amb oli* nicht zu übertreffen. Das Restaurant ist montags geschlossen. Informieren Sie den Kellner, wenn Sie an Souvenirs aus dem Laden interessiert sind oder übernachten möchten (telefonische Reservierung unter Tel. 971 184132).

Gehen Sie auf demselben Weg zurück zum Ausgangspunkt.

Das Kloster bietet faszinierende Ausblicke in alle Himmelsrichtungen

Tipps für Wanderer

Selbst die Wintersonne kann sehr heiß sein. Nehmen Sie deshalb auf jeden Fall einen Hut, Sonnenschutz, eine Sonnenbrille und eine Wasserflasche mit auf die Wanderung. Ein Schirm kann sowohl gegen Regen als auch gegen Sonne schützen. Wanderschuhe mit Profilsohle sind empfehlenswert.

Informieren Sie jemanden darüber, wohin Sie gehen und wann Sie zurück sein wollen, oder schließen Sie sich einer Gruppe an. Ein Mobiltelefon kann im Falle eines Unfalls zum Lebensretter werden. Lassen Sie Tore so, wie Sie sie antreffen, und pflücken Sie keine Blumen und Pflanzen.

Bleiben Sie auf dem Weg, wenn Sie sich nicht auskennen oder einem erfahrenen Führer folgen, denn auf einigen Hängen sind Höhlen versteckt.

2 BÓQUER-TAL

Wanderung

LÄNGE: etwa 7 km **DAUER:** 2 Std. plus Zeit für ein Picknick
BEGINN: Port de Pollença, Avinguda Bocchoris: km 0,6 auf der Straße nach Formentor (PM-221) 188 B5 **ENDE:** siehe oben

Pistazien und Rosmarin säumen den Weg der Wanderer

Das Bóquer-Tal ist wunderschön und ganz leicht zu erreichen. Es verläuft an der östlichen Ecke der Sierra Tramuntana von einem Mittelmeerstrand zum anderen. Wilde Ziegen laben sich an Rosmarin und anderen Grünpflanzen, die in den zerklüfteten Felsen wachsen. Im April und im Oktober ziehen Zugvögel durch das Tal.

1–2

Die Wanderung beginnt an der Avinguda Bocchoris, einer breiten Straße mit Pinien und Tamarisken, die zum Hof Bóquer führt. Vom Zentrum von Port de Pollença kommen Sie dort hin, wenn Sie den Wegweisern »Pine Walk« vom Fischerhafen nach Norden folgen. Dabei liegt das Meer rechts von Ihnen. Wenn die Promenade schmaler wird, gehen Sie bis zum Ende des ersten Strandabschnitts und halten dann links Ausschau nach der Avinguda Bocchoris. Überqueren Sie die Hauptstraße und gehen Sie bergauf bis zu den großen grünen Toren des Bauernhauses.

2–3

Gehen Sie durch das Schwinggatter und entlang der Auffahrt zum alten Bauernhaus mit einem Verteidigungsturm aus dem 17. Jahrhundert. Werfen Sie einen Blick zurück in die Ebene auf die Bucht von Pollença und die westlich nach Pollença und weiter ins Lluc-Tal führende Straße.

3–4

Gehen Sie am Haus vorbei und durch ein großes, schwarzes Metalltor. Folgen Sie dem steinigen Weg einige Meter zu einer weiteren Pforte aus Holz und Draht.

4–5

Nun befinden Sie sich im Bóquer-Tal. Der breite, felsige Weg verläuft gleichmäßig ansteigend auf der rechten Seite des Tales. Zur Linken zieht sich die 350 Meter hohe Kalksteinkette Cavall Bernat in nördlicher Richtung zum Meer und wird hier und dort von Felswänden unterbrochen, die sich in den Himmel strecken.

5–6

Die ersten Markierungen entlang des Wegs sind steil aufragende, 15 Meter hohe Felsnasen. Gehen Sie einige Meter nach links durch die hier heimischen Zwergpalmen. Versteckt am Fuß eines großen Felsblocks liegt eine Höhle, die Schutz vor Wind und Regen bietet. Der Eingang der Höhle wurde, wahrscheinlich für Schafe und Ziegen, teilweise mit Steinen zugebaut. Weiter unten fällt der Weg ab und verbreitert sich zu einem Feldweg.

6–7

Zur Linken, kurz nach einem Tor in einer Kalksteinmauer, liegt ein aufgegebener Brennofen, mit dem vor Jahren Kalkstein gebrannt wurde, um Kalk und Tünche herzustellen. Die Kalksteingrube ist etwa vier Meter tief und hat einen Durchmesser von drei Metern. Früher wurde Kalk als Desinfektionsmittel verwendet und diente zum Tünchen der Häuser. Auf der Westseite des Tales verläuft entlang des Hanges eine Steinmauer. Wenn Sie genau hinsehen, können Sie südlich der Mauer am Ende des Hanges Steinstapel sehen. Dies sind die 2500 Jahre alten Überreste der alten talaiotischen Stadt Bocchoris, in der die rechteckigen Häuser auf der einen Seite flach und auf der anderen wie Schiffe gerundet waren. Nachdem die Römer Mallorca im Jahre 123 v. Chr. erobert hatten, verbündete sich der Ort mit Rom, und die Gemeinde löste sich innerhalb weniger Generationen auf.

Privateigentum

Man könnte sich leicht durch die Hinweise an den Toren des Bóquer-Bauernhauses abschrecken lassen, die betonen, dass man Privatbesitz betritt. Wegen der wachsenden Begeisterung für das Wandern auf Mallorca in den letzten Jahren versuchen viele Landbesitzer, den Zugang zu verwehren. Rechtlich sieht es so aus, dass Sie diese Wanderung unternehmen dürfen, dass Sie aber auf dem Weg bleiben und die Rechte des Landbesitzers respektieren müssen. Da dies ein bewirtschafteter Bauernhof ist, heißt das vor allem, dass Sie das Vieh nicht stören, keine Hunde auf diese Wanderung mitnehmen und keinen Abfall zurücklassen.

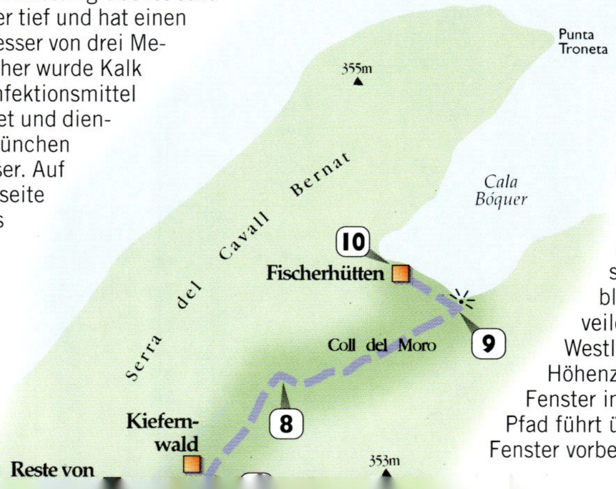

7–8

Der Weg steigt nun zu einem mit Kiefern bestandenen Plateau hinauf, einem schattigen Platz für eine Erfrischung. Im Frühjahr blühen hier wilde Alpenveilchen und Orchideen. Westlich sieht man in dem Höhenzug aus Kalkstein ein Fenster im Felsen. Ein schmaler Pfad führt über den steilen Hang am Fenster vorbei über den Gipfel, ist aber nur für wirklich geübte Wanderer geeignet.

8–9

Der Weg windet sich von dem Kiefernwäldchen leicht bergauf und durch eine weitere Steinmauer zum achtzig Meter hohen Coil del Moro. Der Hauptweg führt hinunter zum Meer, und mehrere, nach links abzweigende schmale Pfade führen zu dem steinigen Strand. Bleiben Sie auf dem nach rechts verlaufenden Hauptweg, der durch Palmen und Rosmarin auf eine grasbewachsene Kuppe und eine Felsnase führt, von der man die Cala Bóquer überblickt. Nun befinden Sie sich an einem der malerischsten Picknickplätze der Insel. Im Osten steigen Kalksteinfelsen aus dem Meer fast senkrecht in den Himmel. Dahinter liegt die küstennahe Insel Es Colomer. Die Serra Cavall Bernat schützt die kleine Bucht vor dem Mistral, dem starken Nordwestwind aus Frankreich.

9–10

Gehen Sie hinunter zum Strand und den Schutzhütten der Fischer. Obwohl der Kieselstrand mit Treib- und Strandgut übersät ist, kann man hier sehr gut schnorcheln.

Um nach Port de Pollença zurückzukehren, gehen Sie einfach den gleichen Weg zurück. Wenn Sie bei der Rückkehr noch Energie haben, gehen Sie nach links und folgen Sie der pinienbestandenen Uferpromenade bis zum Ende.

Top-Tipp

- Im Tal gibt es nur wenig Schatten. Tragen Sie deshalb einen Sonnenhut, und nehmen Sie ausreichend Wasser mit.

Früher lebten viele Robben bei Cala Boquer. Heute will man sie wieder heimisch machen

3 TRAMUNTANA: Son Marroig

Wanderung

LÄNGE: 6 km hin und zurück **DAUER:** 2 Std. plus Zeit für Mittagessen und/oder zum Schwimmen
BEGINN: Son Marroig auf der C-710 zwischen Valldemossa und Deià bei km 66. Parkplatz vor dem Haus 179 D4
ENDE: siehe oben ☎ Museum und Haus Tel. 971 639158

Diese Route führt zu Sa Foradada, einer romantischen, mit Kiefern bestandenen Landzunge, die in einem kargen Felsvorsprung mit einem 18 Meter breiten Loch endet, einem auffälligen Wahrzeichen für Segler und Landratten entlang der Tramuntana-Küste.

1–2

Bevor Sie sich auf den Weg machen, müssen Sie am Gutshaus Son Marroig (➤ 101) eine Eintrittskarte erwerben (€), denn der Weg geht über Privatgelände. Von der klassischen Rotunde im Garten hat man eine gute Sicht auf den Felsen, das Ziel der Wanderung. Südlich des Gutshauses, entlang einer Asphaltstraße, steht ein verschlossenes grünes Tor. Die Stahlsprossen auf der rechten Seite stellen einen stilisierten Zaunübertritt dar, klettern Sie also darüber. Der breite Reitweg, den der österreichische Erzherzog, ein früherer Besitzer von Son Marroig, im Jahre 1870 anlegte, gabelt sich nach hundert Metern.

2–3

Folgen Sie dem rechten Pfad, der sich 250 Meter den Berghang hinunterwindet. Nach den ersten Kurven sehen Sie über sich ein Kliff mit herunterhängenden Felsspitzen, das in Form flacher Höhlen

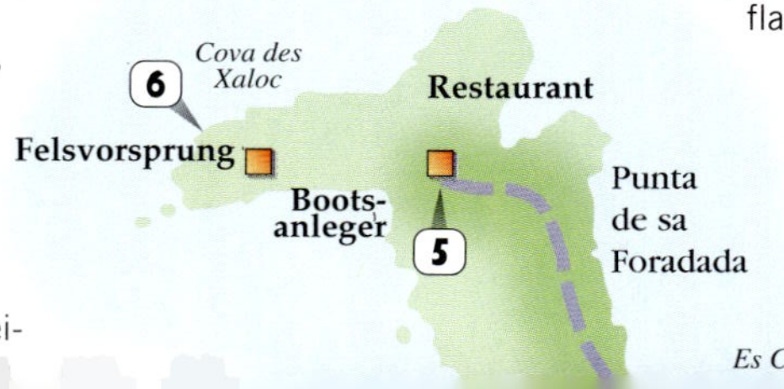

Der Wachturm des Herrenhauses sollte zum Schutz vor Piraten dienen

Das Schreien der Möwen und Kormorane ist ein ständiger Begleiter auf der Wanderung

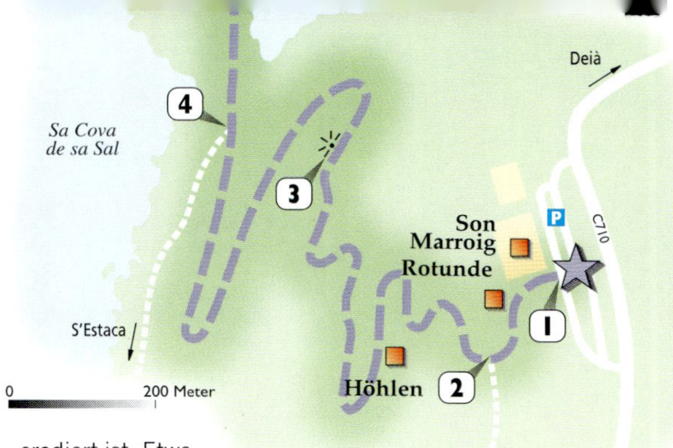

erodiert ist. Etwa auf halbem Weg nach unten führen auf der linken Seite ein Dutzend Steintreppen auf eine gerundete Plattform, einen schönen Platz, um eine kleine Pause einzulegen und hinaus zum Felsen zu schauen. Wenn die See sehr rau ist, kann man, während die Wellen in die Höhlen in den Felsen donnern, ein lautes, bellendes Geräusch hören, das wie eine Mischung aus einem Wal und einer Kettensäge klingt.

Das Schreien der Möwen und Kormorane ist ein ständiger Begleiter auf der Wanderung

3–4

Auf Meereshöhe gabelt sich der Weg nochmals. Der Weg zur Linken ist halb verfallen und folgt dem Ufer entlang zu S'Estaca, einem im sizilianischen Stil erbauten Bauernhaus, in dem der Erzherzog einst eine Romanze mit Catalina Homer, der Tochter des örtlichen Zimmermanns, hatte. S'Estaca gehört heute dem amerikanischen Schauspieler Michael Douglas. Bleiben Sie auf dem Hauptweg, der sich rechts hält und die bewaldete Halbinsel umrundet. Von hier sieht man den Verlauf der Küstenlinie zur Punta de Deià. Bald danach biegt der Pfad nach links und führt auf das felsige Kap.

4–5

Auf der linken Seite nach der Brücke befindet sich ein kleiner Bootsanleger, an dem der Erzherzog seine große Yacht *Nixe* festmachte. Zur Linken steht ein kleines, weißes Restaurant, das im Sommer geöffnet ist und die Wanderer und Besucher, die auf einer Piratenkreuzfahrt von Sóller hier anlegen, mit Speisen und Getränken versorgt. Hier können Sie auch bei einem Kaffee entspannen und dann auf dem gleichen Weg zurück nach Son Marroig gehen.

6.
Abenteuerlicher Abstecher (Dauer etwa 1 Std.)

Klettern Sie vorsichtig den felsigen Abhang hinauf, und gehen Sie langsam auf die Landbrücke über dem Fenster in dem Felsen zu. Auf drei Seiten fällt der Felsen etwa achtzig Meter tief ins Meer ab. Die Sicht südwestlich entlang der Küste zur Dragonera Insel, einem Naturschutzgebiet, welches die Westspitze der Tramuntana-Berge markiert, ist wunderbar. Nach Nordwesten, nach Punta de Deià, zeichnet sich der Puig Maria ab. Im Südwesten steht der Puig Caragoli, auf den ein weiterer Reitpfad des Erzherzogs führt. Zur Rechten sieht man die Schutzhütte der Erzherzogs. Beachten Sie, dass dieser Weg über steile Stellen führt und nur für erfahrene Kletterer geeignet ist.

Erzherzog Ludwig Salvator glaubte, dass man die Schönheit der Gegend am besten bei einer Segeltour rund um Sa Fordada erleben könne

4 S'ALBUFERA: Vogelbeobachtung

Wanderung

LÄNGE: 2–5 km **DAUER:** 1–2 Std.
BEGINN: 5 km südl. von Port d'Alcúdia auf der Hauptstraße C-712 nach Artà 180 C4
ENDE: siehe oben 971 892250; Fax: 971 892158; www.mallorcaweb.net
April–Sept. tägl. 9–19 Uhr; Okt.–März 9–17 Uhr frei, aber Registrierung erforderlich

1988 wurde S'Albufera, ein bedeutendes Feuchtgebiet zur Vogelbeobachtung, zum ersten geschützten Naturpark auf den Balearen erklärt. Die achthundert Hektar wurden von örtlichen Biologen entwickelt und verbessert. Der Name kommt aus dem Arabischen und bedeutet Lagune. Der letzte Industriebetrieb im Feuchtgebiet schloss 1966.

1–2

Ein Kanal, der die Strände von Alcúdia und Muro trennt, verbindet das Feuchtgebiet mit dem Meer. Achten Sie auf das Hotel Parc Natural und die schmale Brücke über den Gran Canal. Südlich der Brücke verläuft eine abgesperrte Landstraße westwärts. Hier befindet sich der Parkeingang. Südlich der Landstraße liegt der Besucherparkplatz.

Das Feuchtgebiet S'Albufera entstand vor 100 000 Jahren, die Dünen sind jedoch viel jünger

2–3

Folgen Sie der Landstraße etwa einen Kilometer zum Besucherzentrum Sa Roca, und tragen Sie sich dort ein. Nehmen Sie sich eine Karte des Parks und eine Liste der in den letzten zwei Wochen dort gesichteten Vögel mit.

S'ALBUFERA: INSIDER-INFO

Top-Tipps: Die besten Zeiten zur Vogelbeobachtung sind Frühjahr und Herbst, wenn Zugvögel auf ihrem Weg nach Norden oder Süden hier eine Pause einlegen. Die besten Tageszeiten sind Sonnenaufgang und Sonnenuntergang. Denken Sie daran, Insektenschutzmittel mitzubringen.

Das Feuchtgebiet ist auch sehr gut mit dem Fahrrad zu erkunden. Auf der Westseite der Straße C-712, etwa einen Kilometer nördlich des Parkeingangs, finden Sie einen Fahrradverleih. Auch das Hotel Parc Natural kann Leihräder organisieren.

Purpurnes Teichhuhn

Vögel sind schön

- Respektieren Sie die Vögel und ihren Lebensraum.
- Bewegen Sie sich im Park leise.
- Kurze Picknickpausen sind an den Tischen beim Empfangszentrum gestattet.
- Häufig zu sehen: Wasserhühner, Fischadler.
- Selten: Grasmücken, Löffelreiher, Bienenfresser.

3–4

Fünfzig Meter weiter befindet sich das Parkmuseum. Stöbern Sie hier ein paar Minuten, so dass Sie eine Ahnung von den hier lebenden Vögel bekommen. Etwa zweihundert Vogelarten, zwei Drittel der auf den Balearen vorkommenden Arten, halten sich hier zu verschiedenen Zeiten des Jahres auf. Andere Arten brüten hier nur.

4–5

Die Wege sind gut markiert, und man kann sich kaum verlaufen. Nehmen Sie, wenn Sie aus dem Museum kommen, den Weg zur Rechten, der um den großen See führt. Dort gibt es ein Versteck zur Vogelbeobachtung. Etwas weiter führt der Weg an einer hölzernen Windmühle vorbei zu einem Hügel, der einen guten Blick auf Wasser und Wege bietet. Im 17. Jahrhundert legten Bauern kleine, von Kanälen umgebene Felder an und bildeten so ein effektives Bewässerungssystem. Nachdem jedoch im 19. Jahrhundert Malaria zum Problem wurde, legte eine britische Firma Entwässerungskanäle an, leitete das Wasser in den Gran Canal und installierte eine Dampfmaschine, mit deren Hilfe der Wasserstand niedrig gehalten wurde. Die Firma legte fünfzig Kilometer Straßen, vierhundert Kilometer Kanäle und viele Holz- und Eisenbrücken an (von denen die meisten noch heute genutzt werden). Im 20. Jahrhundert begannen die Bauern mit dem Anbau von Reis. Den guten, aber teuren Reis können

Sie in einigen Geschäften der Umgebung kaufen. In den Sechzigerjahren wandelten die Tourismusplaner große Bereiche des Feuchtgebietes in Häuser und Hotels um.

5–6

Gehen Sie zurück in Richtung der Sa-Roca-Wartungsgebäude. Auf der rechten Seite schwimmen Purpurhühner in einem Teich. Weiter geht es geradeaus, dann kurz vor der Brücke, die den Cran Canal überquert, links und weiter bis zu einer Weide mit Gatter.

6–7

Gehen Sie zurück zur Brücke, und überqueren Sie diese. Von der Brücke hat man einen guten Blick auf den Gran Canal in westlicher und östlicher Richtung und sieht viele Enten und andere Vögel nach Nahrung tauchen. Biegen Sie hinter der Brücke links ab, und gehen Sie geradeaus weiter. Der Weg führt zu mehreren Verstecken, in denen man sich den Tag vertreiben kann.

7–8

Gehen Sie den gleichen Weg zurück zum Besucherzentrum und zu Ihrem Fahrzeug.

In den Sümpfen leben zahlreiche Tierarten

Pflanzen bereiten Freude

- Zu den reizvollsten Sumpfpflanze gehört die im Frühjahr blühende Orchidee, die in offenen Gebieten neben dem Schilfrohr wächst.
- Ein Großteil des Sumpfgebietes ist mit einem dichten Gestrüpp aus Schilfrohr und Riedgras bewachsen. In den Kanälen wachsen Rohrkolben, während Brunnenkresse, Entengrütze und Hornmoos ruhige Gewässer vorziehen. Ulmen und Weißpappeln gedeihen entlang der Deichwege.
- Auf den Sanddünen an der Küste, wo der Salzgehalt zunimmt, wachsen Tamarisken, Kiefern und Wacholder. Im Sommer wächst Glaskraut auf der von der Sonne ausgetrockneten Erde.

Oben: Wilder Rosmarin wächst auf ganz Mallorca

5 TRAMUNTANA: La Reserva

Wanderung

LÄNGE: etwa 4 km **DAUER:** etwa 2 Std. plus Picknickpause
BEGINN: Parkplatz La Reserva, 19 km nordwestlich von Palma, via Puigpunyent 178 C2
ENDE: siehe oben tägl. von 10 Uhr bis Sonnenuntergang Parkbüro 971 616622

La Reserva ist ein Naturparadies, das für Besucher zugänglich gemacht wurde. Mit Hilfe von Steintreppen können Steigungen leichter bewältigt werden, mehrsprachige Infotafeln stehen an fast jeder Biegung, und grüne Pfeile markieren die Route.

Die 200 000 Quadratmeter große, üppige Wildnis von La Reserva schmiegt sich an den südöstlichen Ausläufer des Galatzo (1026 m), Mallorcas sagenumwobenen Berg. Das Gebiet umfasst drei Kilometer Wanderwege, Dutzende von Wasserfällen und mehrere Höhlen. Galatzo ist magnetisch, und viele Piloten vermeiden es, darüber zu fliegen. Kaufen Sie am Eingang ein Ticket (€€). Gehen Sie den gewundenen Weg zum Mirador de la Reina (Aussichtspunkt der Königin), und genießen Sie einen spektakulären Blick auf das Es-Ratxo-Tal, wo die ersten Mallorquiner vor 8000 Jahren siedelten.Folgen Sie dem Weg nach rechts, vorbei an einem Wasserfall zu den vom Wasser ausgehöhlten Coves

Negres. Der nächste Stopp ist Recó de ses Bruixes. Hier sehen Sie eine runde Köhlerei und die Köhlerhütte. Eine Tafel erläutert anschaulich den Prozess der Holzkohlegewinnung. Gehen Sie an der Quelle und dem Rastbereich vorbei zur Cova des Moro (Höhle des Mauren), vor der ein friedvoller Teich liegt. Von diesem Aussichtspunkt kann man die Verteidigungsanlagen auf dem Gipfel von Es Ratxo sehen. Von der Höhle des Mauren ist es nur ein kurzer Weg zum Erholungsgebiet Vall de les Sis Fonts (Tal der sechs Quellen), wo es Toiletten, eine Bar/Café und einen Grillplatz gibt. Jetzt haben Sie die Hälfte des Weges hinter sich, und dies ist ein guter Platz für eine Rast. Hier werden auch Eulen, Falken und andere Vögel vorgeführt. Folgen Sie den grünen Pfeilen Richtung Ausgang, am Kinderspielplatz vorbei zurück zum Parkplatz.

Es gibt nicht nur Dutzende von Wasserfällen in La Reserva, sondern auch viele seltene Pflanzen

Praktisches

INFORMATION VORAB

Websites

- Spanisches Fremdenverkehrsbüro: www.tourspain.es
- Balearen: www.visitbalears.com

In Mallorca

- Fremdenverkehrsbüro von Palma, Plaça de la Reina, 2, Palma 07001 ☎ 971 712216
- Fremdenverkehrsbüro von Mallorca, Fomento del Turismo de Mallorca, Carrer de Constitució 1, Palma ☎ 971 725396

REISEVORBEREITUNG

WICHTIGE PAPIERE

● Erforderlich
○ Empfohlen
▲ Nicht erforderlich

	Deutschland	Österreich	Schweiz
Reisepass/Personalausweis	●	●	●
Visum	▲	▲	▲
Rück- oder Weiterflugticket	▲	▲	▲
Impfungen (Tetanus und Polio)	▲	▲	▲
Reisekrankenversicherung (➤ 176, Gesundheit)	○	○	○
Reisegepäckversicherung	○	○	○
Führerschein (EU oder international)	●	●	●
Grüne Versicherungskarte	●	●	●

REISEZEIT

Palma

Hochsaison — Nebensaison

	JAN	FEB	MÄRZ	APRIL	MAI	JUNI	JULI	AUG	SEPT	OKT	NOV	DEZ
Saison	Nebensaison	Nebensaison	Nebensaison	Hochsaison	Hochsaison	Hochsaison	Hochsaison	Hochsaison	Hochsaison	Nebensaison	Nebensaison	Nebensaison
Temperatur	14 °C	15 °C	17 °C	19 °C	22 °C	26 °C	29 °C	29 °C	27 °C	23 °C	18 °C	15 °C
Wetter	regnerisch	regnerisch	regnerisch	bedeckt	sonnig	sonnig	sonnig	sonnig	sonnig	sonnig	regnerisch	regnerisch

sonnig — bedeckt — regnerisch — wechselhaft

Die oben angezeigten Temperaturen geben die durchschnittlichen Tageshöchsttemperaturen für jeden Monat an. Die Mindesttemperaturen liegen erheblich niedriger und können im Januar und Februar bis auf 2 oder 3 °C fallen, aber im Juli und August betragen sie selten weniger als 20 °C. Während der Sommermonate, der Hauptsaison, ist Sonnenschein fast garantiert. Wenn man die Besuchermassen vermeiden will, aber milde, angenehme Temperaturen schätzt, sind Mai, Juni, September und Oktober die besten Monate. Während der Wintermonate sind viele Badeorte und Einrichtungen für Touristen geschlossen, obwohl dies eine gute Jahreszeit zum Wandern oder Golf spielen oder für einen Kurztrip nach Palma ist. Selbst im Winter ist es normalerweise warm genug, um mittags draußen zu essen; allerdings benötigt man für die kühlen Winterabende, besonders in den Bergen, einen Pullover und eine Jacke.

In Deutschland	In Österreich	In der Schweiz
• Spanisches Fremdenverkehrsamt Myliusstraße 14 60323 Frankfurt ☎ (0612) 39 91 34	• Spanisches Fremdenverkehrsamt Walfischgasse 8/14 1010 Wien ☎ (01) 5 12 95 81	• Spanisches Fremdenverkehrsamt Seefeldstrasse 19 8008 Zürich ☎ (01) 2 52 79 30

ANREISE

Linienflüge: Lufthansa bietet täglich Flüge von Frankfurt/Main nach Palma an, bei Abflug von anderen Flughäfen ist ein Umsteigen in Frankfurt notwendig. Auch mit der spanischen Iberia kann man täglich von Frankfurt nach Palma fliegen, häufig jedoch mit Zwischenstopp in Barcelona.
Charterflüge: Charterflüge sind eine gute Alternative zum Linienflug, denn sie sind häufig nicht nur billiger, sondern werden auch von den meisten deutschen Flughäfen angeboten. Ein Umsteigen oder eine Zwischenlandung entfällt. Auch ein Individualreisender kann einen Charterflug buchen, es muss nicht eine komplette Pauschalreise sein. Informationen bekommt man in jedem Reisebüro. Es lohnt sich außerdem auch immer, im Internet nach Schnäppchenpreisen zu suchen.
Fluglinien: Neben Lufthansa und Iberia mit Linienflügen gibt es u.a. Charterflüge von Air Berlin, Condor, LTU und Hapag-Lloyd.
Flugzeit: Die Flugzeit von Deutschland beträgt bei einem Direktflug 2 bis 2,5 Stunden. Bedenken Sie aber, dass Sie an Großflughäfen mindestens 2 Stunden vor Abflug einchecken müssen. Häufig ist es möglich, das Gepäck bereits am Vortag aufzugeben und einzuchecken. Dann müssen Sie erst kurz vor dem Abflug am Flugsteig erscheinen.

ZEIT

In Spanien und auf den Balearen gilt die Mitteleuropäische Zeit (MEZ). Vom letzten Sonntag im März bis zum letzten Sonntag im Oktober werden die Uhren für sieben Monate eine Stunde vorgestellt (spanische Sommerzeit). Die spanische Einstellung zu Zeit ist um einiges gelassener als in Nordeuropa. Das Mittagessen wird normalerweise von 13–16 Uhr eingenommen und das Abendessen zwischen 21 Uhr und Mitternacht. Allerdings haben sich die Restaurants in den Badeorten weitgehend den nordeuropäischen Essenszeiten angepasst. Nachtclubs und Diskotheken öffnen gegen Mitternacht und sind bis in die frühen Morgenstunden geöffnet.

WÄHRUNG

Währung: Offizielles Zahlungsmittel in Spanien ist der Euro; Peseta-Münzen und Banknoten sind nicht mehr gültig. Besucher aus Deutschland oder Österreich brauchen also kein Geld mehr umzutauschen.

Geldwechsel: Banken bieten normalerweise die besten Wechselkurse für ausländische Währungen und Reiseschecks, auch wenn diese ebenfalls bei vielen Reisebüros, Wechselbüros und Hotels eingelöst werden können. Wenn Sie Reiseschecks einlösen möchten, müssen Sie Ihren Reisepass/Personalausweis vorlegen. An Geldautomaten kann man mit der Kreditkarte oder der EC Karte mit der PIN-Nummer auch Bargeld abheben.

ZEITUNTERSCHIED

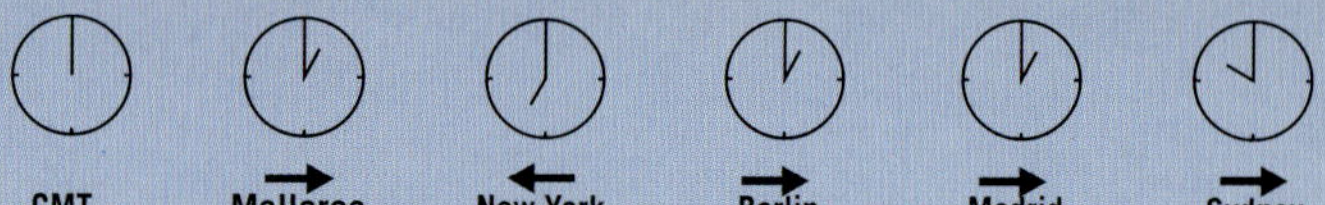

DAS WICHTIGSTE VOR ORT

KONFEKTIONSGRÖSSEN

Deutschland	Mallorca	
46	46	Antzüge
48	48	Antzüge
50	50	Antzüge
52	52	Antzüge
54	54	Antzüge
56	56	Antzüge
41	8	Schuhe
42	8.5	Schuhe
43	9.5	Schuhe
44	10.5	Schuhe
45	11.5	Schuhe
46	12	Schuhe
37	37	Hemden
38	38	Hemden
39/40	39/40	Hemden
41	41	Hemden
42	42	Hemden
43	43	Hemden
34	34	Kleider
36	36	Kleider
38	38	Kleider
40	40	Kleider
42	42	Kleider
44	44	Kleider
38	6	Schuhe
38	6.5	Schuhe
39	7	Schuhe
39	7.5	Schuhe
40	8	Schuhe
41	8.5	Schuhe

FEIERTAGE

1. Januar	Neujahr
6. Januar	Dreikönigsfest
März/April	Karfreitag/Ostermontag
1. Mai	Tag der Arbeit
15. August	Mariä Himmelfahrt
12. Oktober	Nationalfeiertag
1. November	Allerheiligen
6. Dezember	Verfassungstag
8. Dezember	Mariä Empfängnis
25. Dezember	Weihnachten

Viele Geschäfte und Behörden sind über Weihnachten und Ostern geschlossen. Dies gilt auch für Fronleichnam im Mai/Juni und San Jaime (Jacobi) am 25. Juli.

ÖFFNUNGSZEITEN

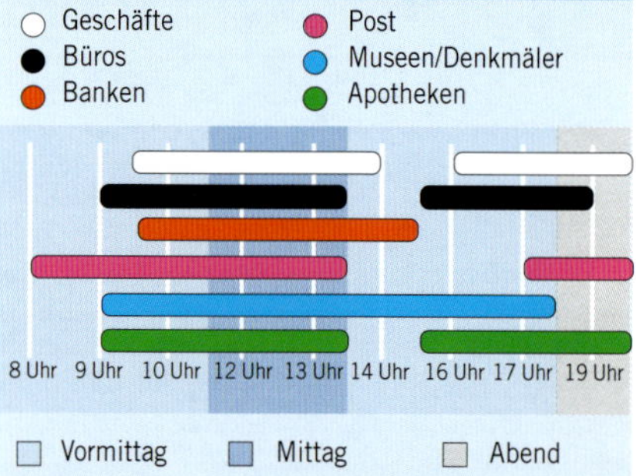

Große Kaufhäuser, Supermärkte und Geschäfte in Badeorten können, insbesondere im Sommer, auch außerhalb der oben aufgeführten Zeiten geöffnet haben. Apotheken, Banken und Geschäfte schließen meist am Samstagnachmittag. Banken haben montags bis donnerstags von 8.30 bis 16.30 Uhr geöffnet und freitags von 8.30 bis 14 Uhr. Samstags (dies gilt nur für große Filialen) sind sie von 8.30 bis 13 Uhr geöffnet. Die Öffnungszeiten für Museen gelten als Anhaltspunkt; manche haben im Sommer längere Öffnungszeiten oder sind am Wochenende oder an einem Tag der Woche geschlossen.

POLIZEINOTRUF (POLICÍA NACIONAL) 112

FEUERWEHR (BOMBEROS) 112

KRANKENWAGEN (AMBULÀNCIA) 112

SICHERHEIT

In den Städten ist die Policía Nacional (braune Uniformen) für Recht und Ordnung zuständig. Manche Badeorte haben auch eine hilfreiche Touristenpolizei, die Policía Turística. Wenn Sie eine Polizeistation suchen, fragen Sie nach *la comisaría*.

Wie man Überfällen vorbeugen kann:

- Tragen Sie niemals mehr Bargeld mit sich, als Sie benötigen.
- Lassen Sie keine Wertsachen am Strand oder am Pool liegen.
- Achten Sie auf Märkten, Touristenattraktionen oder an Plätzen mit vielen Menschen auf Taschendiebe.
- Gehen Sie nachts nicht allein durch dunkle Straßen.

Polizeinotruf

☎ 112 von jedem Telefon

TELEFONIEREN

Öffentliche Telefone *(teléfono)* haben Erklärungen in mehreren Sprachen. Die meisten nehmen Münzen, Kreditkarten und Telefonkarten. Auf Postämtern und in Tabakläden gibt es Telefonkarten *(teletarjeta)*.

Alle Telefonnummern auf den Balearen beginnen mit 971. Da dies ein fester Bestandteil der Telefonnummer ist, müssen stets neun Zahlen gewählt werden. Die Vermittlung hat die Nummer 002.

Internationale Vorwahlnummern

Von Mallorca (Spanien) nach

Deutschland	**00 49**
Österreich	**00 43**
Schweiz	**00 41**
Spanien	**00 34**

POST

Die Öffnungszeiten der Postämter (*correus*) entsprechen normalerweise den links aufgeführten, aber manche haben auch samstagvormittags geöffnet. Die Hauptpost in Palma an der Carrer de Constitució hat montags bis freitags von 8 bis 20 Uhr geöffnet, samstags von 9 bis 14 Uhr.

ELEKTRIZITÄT

Die Stromspannung auf Mallorca beträgt 220 bis 225 Volt.

TRINKGELD

Für Dienstleistungen wird normalerweise ein Trinkgeld erwartet.

Ja ✓		
Restaurants (sofern nicht im Preis inbegriffen)	✓	10 %
Barkeeper	✓	Kleingeld
Reiseführer	✓	0,5 €
Friseur	✓	Kleingeld
Taxis	✓	10 %
Zimmermädchen	✓	0,5 €
Portier	✓	0,5 €

KONSULATE

Deutschland ☏ 971 722997

Österreich ☏ 971 723733

Schweiz ☏ 971 712520

GESUNDHEIT

Seit dem 1.1.1989 erstatten die gesetzlichen Krankenkassen vom Versicherten im Ausland bezahlte Leistungen nicht mehr in voller Höhe. Denken Sie an einen Auslandskrankenschein (E111)! Eine Reisekrankenversicherung ist immer zu empfehlen.

Zahnärzte: Eine Zahnbehandlung ist normalerweise nicht kostenlos, da in Spanien alle Zahnärzte auf Privatbasis behandeln. Adressen von Zahnärzten (*dentistas)* findet man in den Gelben Seiten. In einer privaten Reisekrankenversicherung sollten die Kosten für eine Zahnbehandlung eingeschlossen sein.

Wetter: Die sonnigsten (und heißesten) Monate sind Juli und August, mit einer durchschnittlichen Sonnenscheindauer von elf Stunden/Tag und Tagestemperaturen von 29 °C. Während dieser Monate sollte man die Mittagshitze meiden und Sonnenschutz auftragen.

Medikamente: Verschreibungspflichtige sowie rezeptfreie Medikamente sind in Apotheken (*farmácias*) erhältlich, die am grünen Kreuz zu erkennen sind. Dort sind auch viele Medikamente erhältlich, die in anderen Ländern verschreibungspflichtig sind. Bei kleineren Gesundheitsproblemen können Sie in Apotheken um Rat fragen.

Wasser: Leitungswasser ist trinkbar; allerdings kann es sehr stark chloriert sein. Mineralwasser mit und ohne Kohlensäure ist überall erhältlich.

ERMÄSSIGUNGEN

Studenten mit einem internationalen Studentenausweis können Ermäßigungen auf Eintrittsgebühren erhalten, aber normalerweise ist Mallorca nicht auf Studenten ausgerichtet. Es gibt zwei Jugendherbergen, eine in der Nähe von Palma und eine außerhalb von Alcúdia. Eine weitere günstige Übernachtungsmöglichkeit sind die Klöster: Fahren Sie einfach hin, oder buchen Sie im Voraus.

Rentner: Mallorca ist, insbesondere in den Wintermonaten, wenn die Badeorte ruhiger sind und die Hotels günstige Langzeitkonditionen bieten, ein beliebtes Ziel für Rentner. Die besten Angebote sind über Reiseveranstalter erhältlich.

EINRICHTUNGEN FÜR BEHINDERTE

Alle neuen Gebäude in Spanien verfügen über rollstuhlgerechte Ausstattung, aber viele ältere Hotels, Museen und Kirchen sind mit dem Rollstuhl nicht oder nur schwer zugänglich. Einrichtungen in öffentlichen Verkehrsmitteln sind im Allgemeinen nicht gut; allerdings verfügen einige Taxis und Busse in Palma über rollstuhlgerechte Ausstattungen. Die Uferpromenaden an der Bucht von Palma sind eben und leicht zugänglich, und in Palma Nova und Magaluf sind kostenlose Amphibienrollstühle für behinderte Gäste erhältlich.

KINDER

Hotels und Restaurants sind im Allgemeinen kinderfreundlich. Allerdings sind Einrichtungen wie Wickelräume selten.

TOILETTEN

Es gibt wenig öffentliche Toiletten. Wenn Sie vorher fragen, können Sie Toiletten in Bars und Restaurants benutzen.

FUNDSACHEN

Verlorene Gegenstände sollten bei der Polizei gemeldet werden. Dies ist auch wegen Versicherungsfragen wichtig. Den Verlust Ihrer Ausweispapiere melden Sie am besten sofort bei Ihrem Konsulat/Ihrer Botschaft.

Reiseatlas

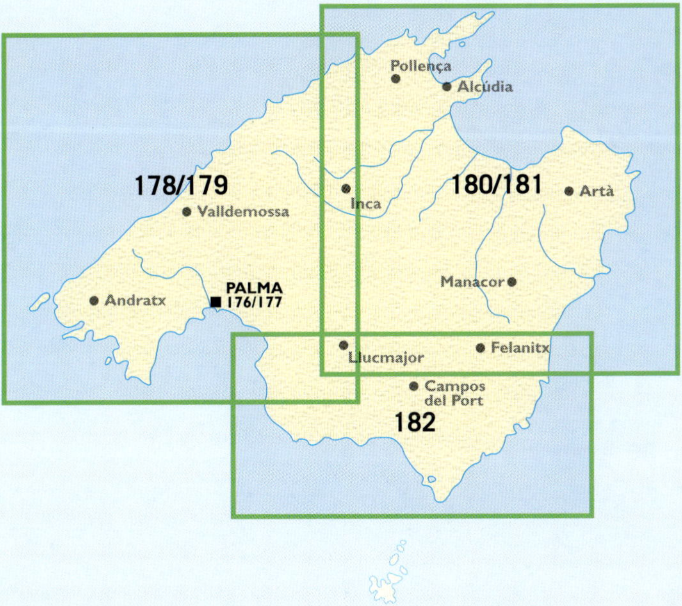

Reiseatlas

0 2 4 6 8 km

Autobahn
Hauptstraße
Nebenstraße
Eisenbahn/Tram
Große Stadt
Stadt
Dorf

Sehenswürdigkeit
Flughafen

Cityplan

0 50 100 150 200 250 Meter

Sehenswürdigkeit (im Text)
Wichtiges Gebäude
Stufen

Palma

A
B
C
5
4
3
2
1
Canòdromo
Institut Provincial Ramon Llull
San Sebastián
Teatre Municipal
Policia Nacional
La Riera
Jardí Botànic
Hospital Provincial
La Concepció
Plaça Serralta
Plaça Héroes del Baleares
Plaça Sa Faxina
Plaça Porta Sta Catalina
Baluard Sant Pere
Santa Creu
San Cayetano
Can Solleric
Oficina de Correus
Palau March
Palau de l'Almudaina
Consulat del Mar
La Llotja
Llotja del Pescado
Club Nautic
Port de Pesca
Badia de Palma
PLAÇA MADRID
PLAÇA FORTI
PLAÇA VAPOR
PLAÇA REI JOAN CARLES I
PLAÇA DE LA REINA
PLAÇA LLOTJA
PLAÇA ALMOINA
VIA PORTUGAL
AVINGUDA DE LA ARGENTINA
COMTE DE BARCELONA
RAMON Y CAJAL
FRIEDRICH HOLDERLIN
PASSEIG DE MALLORCA
INDUSTRIA
PASSEIG DE SAGRERA
AUTOPISTA DE LLEVANT
PASSEIG URUGUAY
CAMINO DE LA ESCOLLERA
MUELLE VIEJO
CONTRAMUELLE
MOLLET
AV JAUME III
BERENGUER DE TORNAMIRA
SANT MAGI
RONDA MIGJORN
PASSEIG DES BORN
CONQUISTADOR
LA SEU
ANTONI MAURA
CONSTITUCIO
CERDANYA
BISBE CAMPINS
LLORENÇ CERDA
DAMAS CALVET
BERNAT AMER
R R MENDEZ
PAU
PIFERRER
GOETHE
VALLDARGENT
FEMENIES
LOPE DE VEGA
GUAL
SALVA
GALIANA
DESBACH
ALOS
CIMA
RODRIGUEZ DE ARIAS
BORGUNY
COTONER
MURILLO
CARO
SOLER
FABRICA
POU
PURSIANA
ANNIBAL
SERVET
CERDA
CATALUNYA
FRAY LUIS DE LEON
MENORCA
EIVISSA
OBRADOR
MATEU
SANTIAGO RUSIÑOL
RUBEN DARIO
JOAQUIM BOTIA
INSTITUT BALEAR
M DELS SANTS OLIVER
CONFLENT
OMELADES
CARLADES
BONAIRE
CONCEPCIO
ESPARTERES
MISERICORDIA
BERENGUER SANT JOAN
PIETAT
CATANY
METGE MATAS
SALLAMBE
JAUME DURAN
PERE DE FRAGA
SEPULCRE
HUG DE RIBESALTES
ARAGONES
JOAN DE CREMONA
SANTA MARIA DEL
SANT MARTI
CAVALLERIA
ERMITA
GAVARRERA
AIGUA
T LLORENTE
PROTECTORA
BORDOI
RIBERA
GRANADA
BRONDO
SALES
SANT GAIETA
CIFRE
SANT FELIU
MONTENEGRO
OLIVERA
SANT LLORENÇ
SANT PERE
APUNTADORES
GLORIA
ESTANC
FELIP BAUZA
SANT JOAN
JAUME FERRER
VALLSECA
BOTERIA
MAR
MESQUIDA
SOLEDAT
PARAIRES
PUIGDORFILA
TOUS I MAROTO

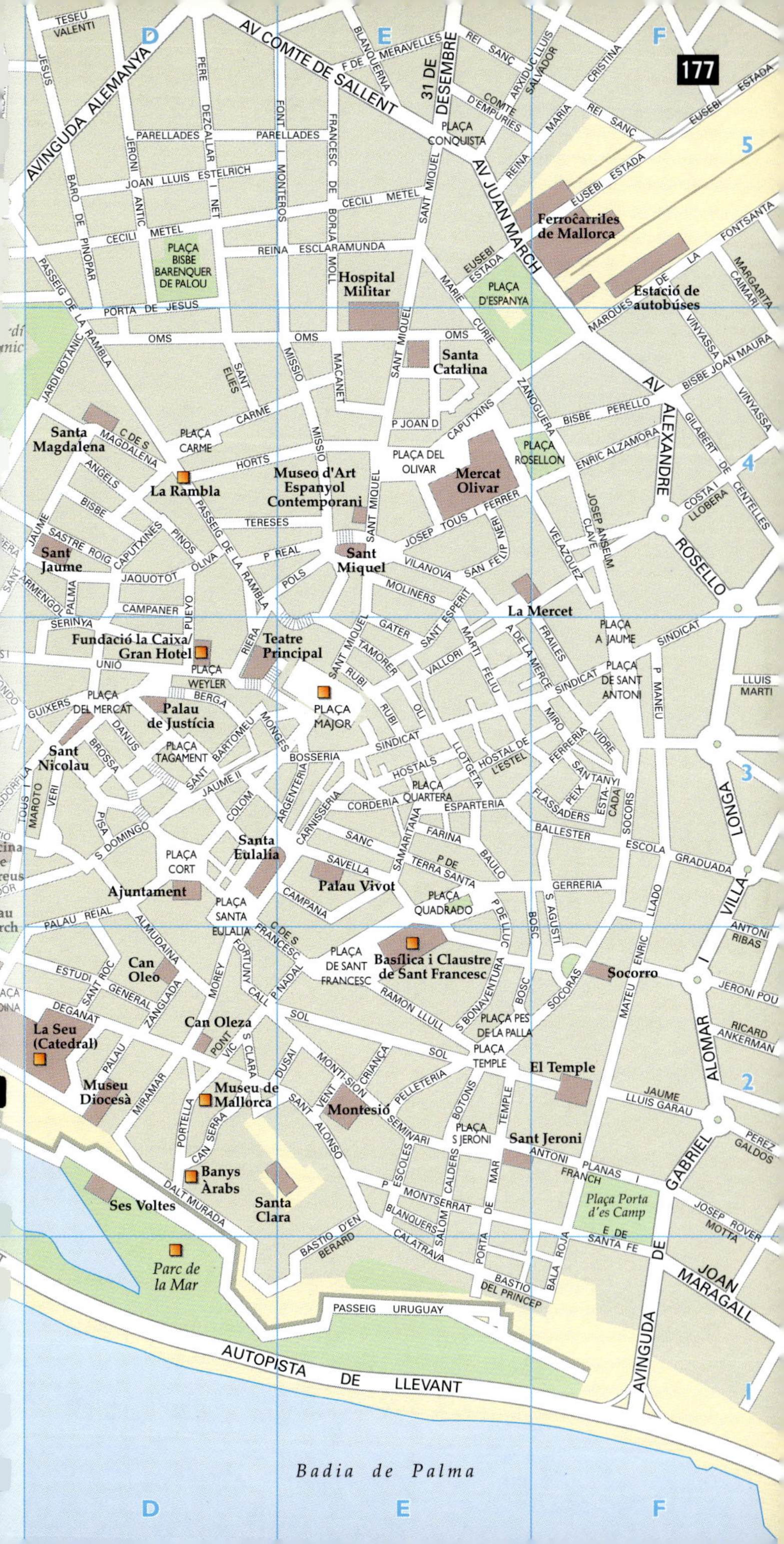
D
E
F
5
4
3
2
1
Ferrocarriles de Mallorca
Estació de autobúses
Hospital Militar
Plaça Bisbe Barenquer de Palou
Plaça d'Espanya
Plaça Conquista
Santa Catalina
Santa Magdalena
La Rambla
Plaça Carme
Museo d'Art Espanyol Contemporani
Mercat Olivar
Plaça del Olivar
Plaça Rosellon
Sant Jaume
Sant Miquel
La Mercet
Plaça a Jaume
Plaça de Sant Antoni
Fundació la Caixa/ Gran Hotel
Teatre Principal
Plaça Weyler
Plaça del Mercat
Palau de Justícia
Plaça Major
Plaça Tagament
Sant Nicolau
Plaça Quartera
Santa Eulalia
Plaça Cort
Ajuntament
Palau Vivot
Plaça Quadrado
Plaça Santa Eulalia
Plaça de Sant Francesc
Basílica i Claustre de Sant Francesc
Socorro
Can Oleo
La Seu (Catedral)
Can Oleza
Plaça Pes de la Palla
Plaça Temple
El Temple
Museu Diocesà
Museu de Mallorca
Montesió
Plaça S Jeroni
Sant Jeroni
Banys Àrabs
Ses Voltes
Santa Clara
Plaça Porta d'es Camp
Parc de la Mar
Passeig Uruguay
Autopista de Llevant
Badia de Palma
Avinguda Alemanya
Av Comte de Sallent
31 de Desembre
Av Juan March
Av Alexandre Rosello
Villa Longa
Gabriel Alomar i Villalonga
Avinguda de Joan Maragall
Passeig de la Rambla
Porta de Jesus
Oms
Parellades
Joan Lluis Estelrich
Cecili Metel
Reina Esclaramunda
Sindicat
Jaume II
Palau Reial
Deganat
Sol
Ramon Llull
Blanquers
Calatrava
Bastio del Princep
Dalt Murada
Eusebi Estada
Marques de la Fontsanta
Bisbe Perello
Enric Alzamora
Josep Tous i Ferrer
Plaça Pes de la Palla
Jaume Lluis Garau
Josep Rover Motta
Antoni Planas i Franch

C
D
E
2
I
PALMA
Son Vida
Sa Vileta
PM20
Poble Espanyol
Coves de Gènova
Castell de Bellver
Sant Agustí
Cala Major
Fundació Pilar i Joan Miró
Cas Català
Ses Illetes
Castell de Bendinat
Serra de na Burguesa
Calvià
Costa d'en Blanes
Portals Nous
Puerto Portals
Illa d'en Sales
PM1
Marineland
Palma Nova
Santa Ponça
Magaluf
Nemo Submarine
Sa Porrassa
Son Ferrer
Bahia Palma
Cala Falcó
Sol de Mallorca
El Toro
Portals Vells
Cove de la Mare de Déu
Punta d'en Feliu
Cap de Cala Figuera
Badia de Palma
Es Molinar
Coll d'en Rabassa
PM19
Sa Pleta
Sa Creu Vermella
Son Ferriol
C715
Aeroport de Son Sant Joan
Sant Jordi
S'Aranjassa
C717
C717
Can Pastilla
Sant Francesc
Platja de Palma
Las Maravelles
S'Arenal
Aquacity
PM602
Cala Blava
Bella Vista
Cap Enderrocat
Las Palmeras
La Moreria
Badia Grande
Badia Azul

A
B
C
3
2
I
Pun
Mirama
S'
C7
Port de Valldemossa
Port des Canonge
Banyalbufar
Mirador de ses Animes
932m
La Granja
Esporles
C710
Coll des Pi
Mirador de R Roca
Estellencs
Son Forteza
1026m
Galatzó
Puigpunyent
Serra
Torrent Sa Riera
Mirador de ses Ortigues
927m
Esclop
La Reserva
Galilea
Son Vida
Punta des Fabioler
Cap Tramuntana
Sa Trapa
Punta Negra
Sant Elm
Sa Dragonera
Cap des Llebeig
S'Arracó
PM103
Andratx
Capdellà
Poble
Coves de Gènova
Calvià
Serra de na Burguesa
Castell de Bendinat
C719
C719
Port d'Andratx
Cala d'Egos
Costa d'en Blanes
Portals Nous
Puert
Illa
Camp de Mar
Peguera
Cala Fornells
Platja de Peguera
PM1
Marineland
Palma Nova
Cap de sa Mola
Cap des Llamp
Cap Andritxol
Santa Ponça
Magaluf
Nemo Submarine
Sa Porrassa
Son Ferrer
Es Malgrat
Bahia Palma
Cala Falcó
Punta Prima
El Toro
Sol de Mallorca
Portals Vells
Cove de la Mare de Déu
Illa del Toro
Punta d'en Feliu
Cap de Cala Figuera

D
E
F
179
5
4
3
2
1
Punta Bec
Es Musclos de ses Cordes
Es Musclos des Llorers
Es Morro d'en Llobera
Mortitx
C710
Torrent de Pareis
1003m Puig Roig
Sa Calobra
1102m Puig Tomir
Cala Tuent
Morro de Cala Roja
Monestir de Lluc
Escorca
PMV2141
Gorg Blau
Lluc
1445m Puig Major
1348m Puig de Massanella
180
Torrent de Sant
PM223
Sa Illeta
Punta Grossa
Mirador de ses Barques
C710
Port de Sóller
Fornalutx
Caimari
Selva
Serra de Tramuntana
Cala de Deià
Punta de Deià
Lluc-Alcari
Sóller
C711
Biniaraix
Serra d'Alfàbia
Mirador del Pujol den Banya
Mancor
Sa Foradada
Son Marroig
1068m
Miramar
Deià
Coll de Sóller
Castell d'Alaró
Orient
Inca
Lloseta
S'Estaca
Serra des Teix
1064m Es Teix
C710
Camí de S'Arxiduc
Alfàbia
Alaró
Valldemossa
Agualandia
La Cartoixa
C713
Torrent de Rafal Garces
Bunyola
Binissalem
Torrent ses Mates
Biniagual
Consell
PM27
C711
PM202
Santa Maria del Camí
Sencelles
PM114
Palmanyola
PM112
Torrent Gros
PM111
Biniali
PM104
Son Berga
Son Sardina
Sa Indioteria
PM27
Sa Cabaneta
Pòrtol
Santa Eugènia
180
Can Matet
Establiments
C711
C713
Puntiro
Sa Vileta
Sa Pleta
PM20
Sa Creu Vermella
Casa Gordiola
PALMA
Poble Espanyol
Son Ferriol
C715
Son Gual Parc Prehistòric
Algaida
Castell de Bellver
Gènova
Es Molinar
Aeroport de Son Sant Joan
Sant Jordi
Sant Agustí
Coll d'en Rabassa
Cala Major
Fundació Pilar i Joan Miró
PM19
S'Aranjassa
269m Canals
Cas Català
C717
182
San Garcías
Randa
Ses Illetes
Can Pastilla
Puerto Portals
Sant Francesc
Illa d'en Sales
Platja de Palma
Can Garcías
C717
Las Maravillas
S'Arenal
Es Marroig
Llucmajor
Aquacity
PM602
Son Cambeya
Badia de Palma
Cala Blava
Son Yeneboi
Son Cald
Bella Vista
Cap Enderrocat
Las Palmeras
La Moreria
Badia Grande
Sa Torre
Es Pedregar
Badia Azul
D
E
F

A
B
C
5
Cap de Catalunya
Cala Figuera
Cap de Formentor
Es Colomer
334m
En Fumat
PM221
Cala Murta
Punta Galera
Mirador des Colomer
Formentor
Cala Sant Vicenç
Castell del Rei
Punta Beca
Vall de Bóquer
Platja de Formentor
Coves de l'Alzinaret
Port de Pollença
Punta de l'Avançada
Cap de Pinar
Cordes
838m
Ternelles
Can Gauri
Badia de Pollença
Camp de Mar
Ermita de la Victoria
Bonaire
320m
Puig Maria
Pollença
Mortitx
C710
Es Mal Pas
Cap de Menorca
Península de Alcúdia
Es Grao
Alcúdia
Pollentia
(Ruines Romanes)
442m
Axartell
Sa Bassa Blanca
Port d'Alcúdia
4
1102m
Puig Tomir
PM220
Llac Gran
179
La Gaviotas
Badia d'Alcúdia
C713
Parc Natural de S'Albufera
Platja de Muro
Son Cladera
Coves de Campanet
Torrent de Sant Miquel
Can Picafort
Son Baulo
PM223
Campanet
Sa Pobla
Torrent de Muro
Caimari
Búger
Son Real Necropolis
Moscarí
C712
Selva
Son Aloy
Muro
PM341
3
Ermita de Santa Magdalena
Binicaubell
PM343
Inca
Son Doblons
Santa Margalida
Llubí
Agualandia
de
Torrent
Torrent de Rafal Garces
María de la Salut
Biniagual
PM324
179
Costitx
Es
Pla
Ariany
Torrent de na Borges
Sineu
Sencelles
2
Sa Torre
Son Monserrat
Lloret de Vista Alegre
Ruberts
Petra
Can Matet
Sant Joan
PM332
Ermita de Bonany
Es Pou Nou
Pina
Els Calderers
Son Bessó
C715
Vilafranca de Bonany
Montuïri
C715
Sant Martí
Algaida
Es Pla d'e Llodra
299m
Nuestra Senora de Cura
1
Randa
543m
Puig de Randa
182
Porreres
Can Veny
C714
Son Gornals
Santuari de Sant Honorat
Santuari de Monti-Sion
Llucmajor
Son Neveta
Felanitx

D
E
F
5
4
3
2
1
Cap Ferrutx
Es Matzocs
Cala Mata
Betlem
Cala Mesquida
Cap des Freu
Cala Mesquida
Ermita de Betlem
Colònia de Sant Pere
Sa Colònia
Massís d'Artà
Cala Guya
Cala Agulla
Cala Ratjada
Punta de Capdepera
Castell de Capdepera
Santuari de Sant Salvador
Son Moll
Capdepera
C715
Artà
Ses Pastores
C712
Ses Fulles
Ses Païsses
Torre de Canyamel
Font de Sa Cala
Coves d'Artà
Cap Vermell
Son Figuera
Canyamel
Platja de Canyamel
Pula
PM404
Costa dels Pinos
C715
Bellver
Sant Llorenç des Cardassar
Son Servera
Cala Bona
Badia d'Artà
Llevant
Cala Millor
Son Moro
Reserva Africana
Punta de n'Amer
Sa Coma
Son Carrió
S'Illot
Manacor
Cala Moreja
Serra de
Coves dels Hams
Porto Cristo
299m
Llodra
Porto Cristo Novo
Acuario de Mallorca
Coves del Drac
Son Amoixa
182
Cala Romàntica
Coves des Pirata
Son Macià
Exotic-Parc Los Pajaros
Cala Magraner
Cala Virgili
Cala Bóta
Cala Antena
Cales de Mallorca
Sa Romaguera

182
Can Pastilla
Platja de Palma
Las Maravillas
Sant Francesc
S'Arenal
Aquacity
San Garcias
Canals
Can Garcías
Es Marroig
Son Cambeya
Randa
543m Puig de Randa
Santuari de Sant Honorat
Llucmajor
Son Caldes
Son Mulatet
Porreres
Santuari de Monti-Sion
Son Gornals
Son Ramon
Son Neveta
Can Veny
Felanitx
Son Macià
Serra
Exotic-Parc Los Pajaros
Coves des Pirata
Cala Magraner
Cala Virgili
Cala Bóta
Cala Antena
Cales de Mallorca
Sa Romaguera
Tropicana
Cala Murada
Cala Blava
Bella Vista
Cap Enderrocat
Las Palmeras
Son Yeneboi
La Moreria
Badia Grande
Badia Azul
El Dorado
Sa Torre
Es Pedregar
Torrent de son Catlar
Campos del Port
Can Porradeint
Can Salines
Can Torres
Ermita de Sant Salvador
Castell de Santueri
Can Alou
Porto Colom
Sa Punta
Punta de ses Crestes
Cala Marçal
S'Horta
Cas Concos
Calonge
Capocorb Vell
Son Mateu
Can Miquel Batle
Cap de Regana
Capocorb
Vernissa
Sa Sorda
Son Catlar
Can Estela
Ermita de Sant Blas
Son Alegre
Alqueria Blanca
Cala Serena
Cala Ferrera
Cala Gran
Cala d'Or
Cala Llonga
Porto Petro
Punta de sa Torre
Punta Llobera
Cala Pi
Vallgornera
Sa Ràpita
Salines de Llevant
Banyos de Sant Joan
Santanyí
Cala Mondragó
Parc Natural de Mondragó
Cap Blanc
Cap Corb
S'Estanyol
Punta Plana
Ses Covetes
Platja es Trenc
Botanicactus
Es Llombards
Cala Figuera
Ses Salines
Cala Llombards
Cala Santanyí
Colònia de Sant Jordi
Cap de ses Salines
C717
C714
PM602
PM512
PM401
PM604
PM610
PM611
179
180
181
A
B
C
D
E
1
2
3

Straßenregister

SPRACHFÜHRER

Katalanisch ist die offizielle Sprache auf Mallorca, doch der hier gesprochene Dialekt unterscheidet sich klar von dem in Barcelona. Hauptunterschied ist der Artikel – auf Mallorca findet und hört man überall *son*, *sa* und *ses* anstelle der üblichen Artikel *el, la, els* und *les*, also zum Beispiel *sal Illa* – die Insel – als Bezeichnung für Mallorca.

Die katalanische Aussprache weicht deutlich von der spanischen ab. Katalanisch klingt geschlossener und weniger abgehackt als Kastilisch. Einige Sonderregeln sind nachfolgend aufgeführt:

au	au	**ll**	lli in »Million«
c	ss oder k (nie th)	**l.l**	ll in »Pulli«
ç	ss	**ny**	ni in »Union«
eu	ej-u	**r** und **rr**	stark gerollt
g	dsch oder g	**s**	z oder ss
gu	(manchmal) w	**tx**	wie »tsch«
h	stumm	**tg/tj**	dsch
j	j (nie h)	**v**	b (*vi*, »Weine«, klingt wie »bie«)
ig (Ende)	ch: *vaig* (»Ich gehe«) klingt wie itsch	**x**	sch

Ja/nein **si/no**
OK **val/d'acord/ molt bé**
Bitte **si us plau**
Danke (sehr) **(moltes) gràcies**
Nichts zu danken **de res**
Hallo **hola**
Auf Wiedersehen **adéu-siau**
Guten Morgen **bon dia**
Guten Tag **bona tarda**
Guten Abend **bona tarda**
Gute Nacht **bona nit**
Wie geht es Ihnen? **com va?**
Entschuldigung **perdoni**
Wie viel? **quant és/val?**
Ich möchte gern ... **voldria**
Geöffnet **obert**
Geschlossen **tancat**
Heute **avui**
Morgen **demà**
Gestern **ahir**
Montag **dilluns**
Dienstag **dimarts**
Mittwoch **dimecres**
Donnerstag **dijous**
Freitag **divendres**
Samstag **dissabte**
Sonntag **diumenge**
gut **bo(na)**
schlecht **dolent(a)**
groß **gran** klein **petit(a)**
mit **amb**
ohne **sense**
heiß **calent(a)**
kalt **fred(a))**

NACH DEM WEG FRAGEN

Ich habe mich verirrt **estic perdut/a**
Wo ist ...? **on és ...?**
Wie finde ich ...? **per anar a ...?**
den Strand **la platja**
ein Telefon **el telèfon**
die Toilette **els lavabos**
links **a l'esquerra**
rechts **a la dreta**
geradeaus **tot recte**
am Eck **a la cantonada**
die Ampel **al semàfor**
die Kreuzung **a la cruïlla**

ZAHLEN

1	**un(a)**	12	**dotze**	40	**quaranta**	200	**dos (dues)-cents**
2	**dos (dues)**	13	**tretze**	50	**cinquanta**		
3	**tres**	14	**catorze**	60	**sisanta**		
4	**quatre**	15	**quinze**	70	**settanta**	300	**tres-cents**
5	**cinc**	16	**setze**	80	**vuitanta**	400	**quatre-cents**
6	**sis**	17	**disset**	90	**nounta**	500	**cinc-cents**
7	**set**	18	**divuit**			600	**sis-cents**
8	**vuit**	19	**dínou**	100	**cent**	700	**set-cents**
9	**nou**	20	**vint**	101	**cent un**	800	**vuit-cents**
10	**deu**	21	**vint-i-un**	110	**cent deu**	900	**nou-cents**
11	**onze**	30	**trenta**	120	**cent vint**	1000	**inc mil**

SPEISEKARTE

A la plantxa gegrillt
Aigua Wasser
Albergínia Aubergine
All Knoblauch
Amanida Salat
Ànec Ente
Anxoves Anchovis
Anyell Lamm
Arròs Reis
Bistec Steak
Bolets Pilze
Botifarra Wurst
Bou Rindfleisch
Caça Wild
Cafè Kaffee
Calamar Tintenfisch
Carn Fleisch
Ceba Zwiebel
Cervesa Bier
Cigrons Kichererbsen
Cobert Gedeck
Coca Kuchen
Col Kohl
Col-i-flor Blumenkohl
Conill Hase
Cranc Krebs
Cru roh
Cullera Löffel
Embotit Wurst
Enciam Kopfsalat
Escopinyes Herzmuscheln
Farcit gefüllt
Fetge Leber
Fideus Spaghetti
Formatge Käse
Forquilla Gabel
Fregit gebraten
Fruita Obst
Fuet Salami
Gall d'indi Truthahn
Gambes Garnelen
Ganivet Messer
Gel Eis
Gelat Eiscreme
IVA Mehrwertsteuer
Julivert Petersilie
Llagosta Hummer
Llet Milch
Llimona Zitrone
Llonganissa Salami
Mantega Butter
Marisc Meeresfrüchte
Mel Honig
Mongetes Bohnen
Muscles Muscheln
Oli Öl
Oliva Olive
Ostra Auster
Ou Ei
Pa Brot
Pastanaga Möhre
Pastís Kuchen
Patata Kartoffel
Pebre Pfeffer
Pebrot Paprika
Peix Fisch
Pernil dolç gekochter Schinken
Pernil serrà roher Schinken
Plàtan Banane
Pollastre Hühnchen
Poma Apfel
Porc Schwein
Postres Dessert
Raïm Trauben
Rap Mönchsfisch
Rostit Braten
Sal Salz
Salsa Soße
Salsitxa Wurst
Sec trocken
Sobrassada Pastete
Sopa Suppe
Suc de taronja Orangensaft
Sucre Zucker
Tonyina Thunfisch
Truita Omelette oder Forelle
Vegetarià/na vegetarisch
Vedella Kalb
Verdura Gemüse
Vi blanc/negre Weiß-/Rotwein
Xai Lamm
Xocolata Schokolade

IM RESTAURANT

Ich möchte einen Tisch reservieren. **Voldria reservar una taula.**
Einen Tisch für zwei Personen, bitte. **Una taula per a dos, si us plau.**
Könnten wir die Karte sehen? **Podriem veure el menú, si us plau?**
Was ist das? **Que és?**
Eine Flasche/ein Glas … **Una ampolla/copa (vas) de**
Die Rechnung, bitte. **El compte, si us plau.**
Service eingeschlossen **servei inclòs**
Kellner/in **cambrer/a**
Frühstück **esmorzar** Lunch **dinar**
Abendessen **sopar**
Vorspeise **entrant**
Rechnung **compte**
Hauptgericht **segòn plat**

ÜBERNACHTEN

Haben Sie ein Einzel-/Doppelzimmer? **Té alguna habitació enzilla/doble?**
Mit/ohne Bad/Dusche **amb/sense bany/lavabo/dutxa**
Ist das Frühstück eingeschlossen? **Inclou l'esmorzar?**
Kann ich das Zimmer sehen? **Podria veure l'habitació?**
Ich nehme dieses Zimmer. **Ens quedarem aquesta habitació.**
Danke für Ihre Gastfreundschaft. **Gràcies per la seva amabilitat.**
eine Person **una persona**
eine Nacht **una nit**
Reservierung **reserva**
Zimmerservice **servei d'habitació**
Zimmermädchen **cambrera**
Balkon **balcó**
Schlüssel **clau**
Aufzug **ascensor**
Meerblick **vistes al mar**

GELD

Bank **banc**
Geldwechsel **canvi**
Münze **moneda**
Wechselgeld **camvi**
Scheck **xec**
Schalter **caixer**
billig **barat(a)**
teuer **car(a)**
Laden **botiga (tenda)**
Banknote **bitllet de banc**
Reisescheck **xec de viatge**
Kreditkarte **carta de crédit**
Wechselkurs **tipus de canvi**

REISE

Flugzeug **avió**
Flughafen **aeroport**
Zug **tren**
Bus **autobús**
Bahnhof **estació**
Boot **vaixell**
Hafen **port**
Fahrkarte **bitllet**
Einzelfahrschein **senzill-a**
Rückfahrkarte **anar i tornar**
Nichtraucher **no fumar**
Auto **cotxe**
Benzin **gasolina**
Bushaltestelle **la parada d'autobus**

EINKAUFEN

Supermarkt **supermercat**
Bäckerei **forn (de pa)/fleca**
Selbstbedienung **autoservei**
Wo finde ich ...? **On puc trobar ...?**
Können Sie mir helfen?
Em podria ajudar?
Ich suche ... **Estic buscant ...**
Ich schaue mich nur um.
Només estic mirant, gràcies.
Es ist zu groß/klein/teuer.
És massa gran/petit/car.
Ich nehme das hier.
M'enduré aquest.

IM NOTFALL

Hilfe! **Ajuda!**
Können Sie mir bitte helfen?
Em podria ajudar, si us plau?
Sprechen Sie Englisch/Deutsch?
Parla anglès/alemán?
Ich verstehe nicht. **No ho entrenc.**
Ich spreche nicht katalanisch.
No parlo català.
Bitte rufen Sie schnell einen Arzt!
Ràpid, podria avisar a un metge, si us plau?

REGISTER

Abbildungsnachweis

Die **Automobile Association** dankt den nachfolgend genannten Fotografen und Bildagenturen für ihre Unterstützung bei der Produktion dieses Buches.

ANTHONY BLAKE PHOTO LIBRARY 17 (Phototheque Culinaire), 18(o) (P Wilkins), 18(m) (Tony Robins), 19 (Tony Robins);
MICHELLE CHAPLOW 23(o), 87(u), 91, 122;
BRUCE COLEMAN COLLECTION 9(o), 9(m), 9(u), 10(o), 10(m);
JAINIE COWHAM 111;
DACS, LONDON 2000 74 L Oiseau de Proi Fonce Sur Nous (ADAGP, Paris);
JAMES DAVIS WORLDWIDE 2(I), 5, 101;
RON DAVIS/SHOOTING STAR/COLORIFIC 12;
EYE UBIQUITOUS 21(m), 69(o), 136(r);
T FISHER 51, 87(o);
GETTYONE/STONE 2(iii), 41, 46/47;
ROBERT HARDING PICTURE LIBRARY 6, 44(o), 126;
NATURE PHOTOGRAPHERS LTD 166 (P Craig-Cooper);
PICTURES COLOUR LIBRARY 21(r), 22, 116;
REX FEATURES 13(o), 13(m), 13(u);
TOPHAM PICTUREPOINT 20(m), 20(r);
G WILLIAMSON 14, 15, 16(l), 16(r), 97.

Alle übrigen Bilder befinden sich im Besitz des AA-Bildarchivs (AA PHOTO LIBRARY) und stammen von JAINIE COWHAM, mit Ausnahme folgender Bilder:
P BAKER 3(v), 24, 58(u), 68(r), 88, 103, 112(r), 143, 146(o), 149, 167(l), 169, 173(ul);
K PATERSON Umschlag vorn und hinten, 2(ii), 3(I), 3(ii), 3(iii), 7, 18/19, 20/21, 21(l), 23(m), 25(m), 25(or), 25(mor), 25(mur), 25(ur), 26(l), 26(r), 27, 28, 29(o), 29(u), 31, 42, 44(u), 45(o), 45(u), 46, 48, 49, 50, 52, 55, 56, 57, 58(o), 66, 68(l), 69(u), 73, 74, 75, 76(o), 76(u), 83, 84, 85, 86(l), 86(r), 87(m), 89, 90, 94, 96, 99, 102, 109, 112(l), 113(o), 113(u), 117, 119, 123, 124, 124/125, 133, 136(l), 137(u), 139, 140/141, 144, 145, 146(u), 148, 159, 160, 161, 165, 168, 173(o), 173/ur);
J TIMS Umschlag vorn (a).

Legende für die oben verwendeten Kürzel: (o) oben; (u) unten; (r) rechts; (l) links; (m) Mitte.

Danksagung

Carol Baker dankt Familie Rabassa aus Pollença herzlich für 30 Jahre Freundschaft, Gastlichkeit und Informationsbereitschaft.

Leserbefragung

Ihre Ratschläge, Urteile und Empfehlungen sind für uns sehr wichtig. Wir bemühen uns, unsere Reiseführer ständig zu verbessern. Wenn Sie sich ein paar Minuten Zeit nehmen, diesen kleinen Fragebogen auszufüllen, könnten Sie uns sehr dabei helfen.

Wenn Sie diese Seite nicht herausreißen möchten, können Sie uns auch eine Kopie schicken, oder Sie notieren Ihre Hinweise einfach auf einem separaten Blatt.

Bitte senden Sie Ihre Antwort an:
Spirallo Reiseführer, Falk Verlag, Postfach 31 51, D-73751 Ostfildern
E-Mail: spirallo@mairs.de

Über dieses Buch …
spirallo Reiseführer MALLORCA

Wo haben Sie das Buch gekauft? ______________________

Wann? Monat / Jahr

Warum haben Sie sich für einen Titel dieser Reihe entschieden? ______________________

Wie fanden Sie das Buch?

Hervorragend ☐ Genau richtig ☐ Weitgehend gelungen ☐ Enttäuschend ☐

Können Sie uns Gründe angeben?

Bitte umblättern …

Hat Ihnen etwas an diesem Führer ganz besonders gut gefallen?

Was hätten wir besser machen können?

Persönliche Angaben

Name

Adresse

Zu welcher Altersgruppe gehören Sie
Unter 25 ☐ 25–34 ☐ 35–44 ☐ 45–54 ☐ 55–64 ☐ über 65 ☐

Wie oft im Jahr fahren Sie in Urlaub?
Seltener als einmal ☐ einmal ☐ zweimal ☐ dreimal oder öfter ☐

Wie sind Sie verreist?
Allein ☐ Mit Partner ☐ Mit Freunden ☐ Mit Familie ☐

Wie alt sind Ihre Kinder? _____

Über Ihre Reise …

Wann haben Sie die Reise gebucht? Monat / Jahr

Wann sind Sie verreist? Monat / Jahr

Wie lange waren Sie verreist?

War es eine Urlaubsreise oder ein beruflicher Aufenthalt?

Haben Sie noch weitere Reiseführer gekauft? ☐ Ja ☐ Nein

Wenn ja, welche?

Herzlichen Dank dafür, dass Sie sich die Zeit genommen haben, diesen Fragebogen auszufüllen.